Erfolgsgeheimnis Persönlichkeit

Erfolgsgeheimnis Persönlichkeit

Wer bin ich? Was will ich?

Der Weg in eine erfolgreiche, selbstbestimmte
Zukunft durch systematischen Persönlichkeitsaufbau

Dr. Norbert Hermann

Bibliografische Informationen der Deutschen Nationalbibliothek:

Die Deutsche Nationalbibliothek verzeichnet diese Publikation in der Deutschen Nationalbibliografie; detaillierte bibliografische Daten sind im Internet über http://d-nb.de abrufbar.

Für Fragen und Anregungen:

norbert.hermann@go4business.org

1.Auflage 2019, März 2019

Copyright © 2019 Dr. Norbert Hermann

ISBN: 978-3-0006-1819-2

FÜR RITA

die bedingungslos liebenswert ist,
weil sie so ist, wie sie ist.

DANKSAGUNG

All denen DANKE ich, die bei der Entstehung dieses Buches geholfen haben.

Ebenso danke ich meinen Mentoren, die an meine Talente geglaubt und diese gefördert als auch gefordert haben, die mir durch ihr Wissen und die Weitergabe ihrer Erfahrungen viele Umwege erspart, mir viel Erfolg in meinem Leben ermöglicht haben und durch die ich heute in der Lage bin, andere Menschen mit meiner Lebenserfahrung bei ihren Zielen zu unterstützen.

Insbesondere danke ich auch Prof. Dr. Detlef Beeker, der mich zum Schreiben dieses Buches inspirierte und mir wertvolle Tipps zum Umgang mit dem Verlagswesen geben konnte.

Danke auch an den Designer Max Beindorf, der meine Vorstellung der Charakterfiguren in diesem Buch, die mich auch bei meinen Präsentationen auf meinen Seminaren zur Veranschaulichung begleiten, entworfen hat. Er hat meine Vorstellungen optimal umgesetzt.

VORWORT

Glückwunsch! Sie haben es geschafft, Sie gehören bereits jetzt zu den Gewinnern, da Sie in sich, in die Entwicklung der eigenen Persönlichkeit investieren, und sei es mit diesem schematisch aufgebauten und übersichtlichen Arbeitsbuch.

Sie haben damit bereits den festen Glauben bekundet, durch anwendbares Wissen weiterzukommen und heben sich so von der Masse ab, die oft weiterkommen will ohne das richtige dafür zu tun.

Ich glaube, dass Sie durch die Inhalte aus diesem Buch in die Lage versetzt werden, gedanklich Klarheit in Bezug auf Ihre Ziele zu bekommen und dadurch eine Fokussierung auf die richtigen zu nutzenden Chancen möglich ist, Sie somit Ihre persönliche Chancenkompetenz ausbauen können. Beantwortet werden primär folgende Fragestellungen:

- *Wie bekomme ich die richtige Orientierung, um lebenslang Erfolg zu haben?*
- *Was ist der Sinn meines Lebens, welcher Weg ist für mich der richtige, um meine Lebensvision zu erreichen?*
- *Wie kann ich mein Leben in den Griff bekommen? statt: „ich muss" hin zum „ich will"?*

- Wie gewinne ich eine klare Vorstellung von meinen Zielen und wie erreiche ich diese mit Ruhe und Gelassenheit?
- Wie erkenne ich meine persönlich nutzbaren Chancen und wie unterscheide ich diese von für mich nicht brauchbaren Chancen?
- Wie kann ich meinen persönlichen Entscheidungskorridor kennenlernen, um mich so zukünftig genau und schnell festzulegen und Chancen somit effektiver wahrnehmen und nutzen zu können?
- Wie schaffe ich für mich ein sinnhaftes, erfolgreiches und glückliches Leben?

Unser Team hat über ein Jahr an diesem Buch aus der mit diesem Buch startenden Serie zum **Go4BetterLifeKonzept** und an dem Seminar **Go4BetterLife** gearbeitet und sowohl Universitäres- als auch Erfahrungswissen erfolgreicher Menschen aus der Praxis in dieses Buch und das Seminar eingebracht.

Ergebnis dieser Arbeit sind so zum einen dieses Buch und ferner ein Seminar zum Thema Persönlichkeit mit richtungsweisenden Entwicklungstools zur Entwicklung Ihrer persönlichen Chancenkompetenz, genauer gesagt ein System zur positiven Veränderung! Dies dient letztendlich dazu, unsere Gewohnheiten in eine positive Richtung zu lenken, da wir einen großen Prozentsatz unserer tagtäglichen Tätigkeiten gewohnheitsmäßig durchführen.

Bauen wir durch ein umsetzbares System gezielt positive Gewohnheiten in unser Leben ein, so ist es dadurch effektiver und effizienter möglich, unsere Verhaltensweisen in Richtung persönlicher Erfolg zu ändern um sich eine erfolgreiche Zukunft aufbauen zu können.

Hierzu legen Sie mit dem anwendbaren Wissen aus diesem Buch das nötige mentale Fundament, da Sie nun ein System für den Aufbau Ihrer Persönlichkeitsstruktur kennen!

Folglich dient der Inhalt dieses Buchs zum Aufbau einer für erfolgreiche Menschen notwendigen Persönlichkeitsstruktur, welche sich durch diese Inhalte bezüglich Ihrer eigenen Fähigkeiten und Fertigkeiten bewusster werden und sich so schneller und effektiver entscheiden können. Hierbei werden Sie unterstützt mit den folgenden anwendbaren Übungen und dem Erfahrungswissen vieler erfolgreicher Menschen bei Ihrer Suche nach wegweisenden Möglichkeiten zu einem erfolgreichen Leben.

Ich wünsche Ihnen für die folgenden Stunden viel Energie und Tatendrang, damit Sie für und über sich viel erfahren und umsetzen können. Sie haben es in der Hand!

Ich wünsche Ihnen viel Spaß und Erfolg bei der Umsetzung

Dr. Norbert G. Hermann

Inhalt

Einleitung

Relevanter Zielfokus Erfolg

Man musste wohl schon immer ein bisschen „Anders als andere" (AAA) sein, um Erfolg-„Reich" werden zu wollen. Auch musste man ständig mehr arbeiten als andere, mehr Bücher lesen, mehr Seminare besuchen als andere, sich mehr mit seinen eigenen Fähigkeiten und Fertigkeiten und mit seinen Chancen beschäftigen als andere. Ja, dass alles während wir, sehr wohl aktiv, auf unseren Erfolg „warten".

Es ist entscheidend, dass wir unseren Zielfokus auf Erfolg ausrichten, damit wir uns *selbst* in die Lage versetzen, unsere Vision von unserer Zukunft *selbst* erleben zu können!

Die aktuelle Forschung zeigt auf, dass sich die Charaktermerkmale von erfolgreichen Persönlichkeiten gleichen.

Diese sind meist offen für Neues, unvoreingenommen flexibel agierend, oft extrovertiert, meist ehrgeizig, ferner diszipliniert und ausdauernd, des Weiteren meist psychisch starke Charaktere mit (mehr oder weniger) geringem Selbstzweifel, die mit zunehmendem Alter und Erfahrung, insbesondere eine aus Sicht der breiten Masse, eine spezielle und meist positive Ausstrahlung besitzen.

Erfolgstool Persönlichkeitsentwicklung

Der Aufbau in diesem Buch ist primär auf das **Ziel** fokussiert, dass Sie über sich selbst Bescheid wissen, dass Sie bewusst ein klares Selbstbild entwickeln und darauf aufbauend größere Selbstsicherheit erlangen - dies durch eine klare, nachvollziehbare Strukturkenntnis unserer Persönlichkeit und einer präzisen Vorstellung unserer eigenen Zukunft.

Vorgehensweise in diesem Arbeitsbuch

Als erste Grundlage beschäftigen wir uns in ersten Überlegungen mit Ihrem **Mindset,** also mit Ihrer geistigen Haltung und verschiedenen möglichen **Denkweisen,** die uns entweder blockieren oder förderlich für unseren Erfolg sind. Darauf aufbauend können Sie als Basis für eine finale Lebensvision zunächst eine erste Schemata Ihrer **Lebensvision** mit der Kleeblatt-Methode entwerfen.

Danach ist es für Ihre weitere Persönlichkeitsentwicklung von entscheidender Wichtigkeit, dass Sie im 3. Kapitel Ihre **Potenziale** kennenlernen.

Ferner dann im 4. Kapitel auch Ihre individuellen **Werte,** da Sie nach diesen Ihre Entscheidungen ausrichten und diese unbewusst Ihre Handlungen stark beeinflussen können.

Darauffolgend haben Sie die Möglichkeit eine SWOT-**Potenzialanalyse** hinsichtlich Ihrer entscheidenden Stärken und Schwächen sowie Ihrer Chancen und Risiken zu eruieren, um dann im 5. Kapitel Ihre **Mission**, Ihren Nutzen für Dritte ermitteln zu können.

Ferner beschäftigt sich dieses Buch im folgenden 6. Kapitel mit unseren **Glaubenssätzen**, da diese auch eine *entscheidende* Wirkung auf unser unbewusstes Handeln haben und so auch einen wesentlichen Erfolgsfaktor darstellen.

Kapitel 7 ist für Sie wichtig, weil Sie nun einen Eindruck davon bekommen, wie Sie nötige **Verhaltensänderungen** bei sich selbst herbeiführen können, denn Ihren gewünschten Erfolg können Sie nur durch eine Veränderung Ihrer Persönlichkeit erreichen.

Final werden Sie im letzten Bearbeitungskapitel in der Lage sein, eine komprimierte Feinjustierung Ihrer Lebensvision vorzunehmen und sich selbst und Ihre Mission in einem **Erfolgs-Pitch** zu formulieren.

Sie wissen nun ganz genau, wer Sie sind, was Sie können und was Sie wollen!

Nach dem Finale folgen noch **nützliche Tipps** hinsichtlich der Entwicklung und Beeinflussung zum Themenbereich eigener Wille und zum Inhalt **Wachstumstreiber** als erfolgsbeschleunigende Maßnahmen.

Persönlichkeitsentwicklung als Erfolgsfaktor

Eine gute und unabdingbare Voraussetzung für den persönlichen Erfolg ist es, sich mit der eigenen Persönlichkeitsentwicklung zu beschäftigen, primär mit dem eigenen Persönlichkeitswachstum! Dies bietet die Möglichkeit, seine Potenziale und damit die eigene Persönlichkeit zu entfalten.

Als Basis jeder gezielten Persönlichkeitsentwicklung dient die Kenntnis des eigenen Ichs. Von daher muss ich mir zunächst einige Fragen stellen, damit ich begreife, was mich beeinflusst, nach welchen Kriterien[1] ich Entscheidungen treffe, woran ich letztendlich glaube und was mir wichtig ist.

Somit erreiche ich mit diesen und weiteren Fragestellungen, dass ich meine Wurzeln und meinen derzeitigen Standpunkt bestimmen kann, um darauf aufbauend mit meiner weiteren Persönlichkeitsentwicklung gezielt beginnen zu können.

Raus aus der Komfortzone und rein in die Wachstumszone

Wachstum wird in Ihrer eigenen Persönlichkeitsentwicklung, in Ihrer Persönlichkeitsentfaltung nur dann erzeugt, wenn wir

---

[1] Werte, Meinungen, Überzeugungen, Glaubenssätze etc.;

unsere bequeme Komfortzone verlassen und in die zunächst unbequeme Wachstumszone wechseln, um unsere Persönlichkeit auch entfalten zu können.

Unter **Komfortzone** versteht man in diesem Zusammenhang, einen Bereich des privaten oder gesellschaftlichen Lebens, welcher geprägt ist von Bequemlichkeit, einem großen Maß an Risikofreiheit und Sicherheit. Diese Zone bedeutet auf Dauer auch Stillstand oder sogar ein Zurückfallen in eine immer kleiner werdende Persönlichkeitsstruktur. Wachstum ist in diesem Bereich grundsätzlich nicht möglich.

Unter **Wachstumszone** versteht man in diesem Zusammenhang, unter dem Verlust von Sicherheit einen Bereich zu betreten, welcher mehr Risiko und einen Mehraufwand an Energie bedeutet, oft mit Angst vor dem Neuen, dem Unbekannten. Aber es ist auch der Bereich, welcher uns ermöglicht, an unseren neuen, unbekannten Herausforderungen zu wachsen. Bequemlichkeit ist hierbei fehl am Platz, Angst und Schmerz muss überwunden werden!

Was steckt dahinter? Wenn sich Dinge zum Besseren wandeln sollen, müssen zuerst wir selbst besser werden. Denn nur dann, wenn wir uns stetig weiterentwickeln, werden wir zu der Persönlichkeit, die unsere Träume zukünftig auch tatsächlich leben kann!

Wir müssen dazu eine andere Denk- und Persönlichkeitsebene erreichen als die, auf der wir uns im Augenblick befinden.

Ein einfaches Beispiel: Stellen Sie sich vor, Sie wollten eine bessere Aussicht genießen, und dafür steht Ihnen eine Treppe zu Verfügung. Wenn Sie es tatsächlich wollen, müssen Sie die Treppe, nun Stufe für Stufe, auch wenn es anstrengend ist, hochsteigen.

Somit Ihre Komfortzone verlassen! Ihre Bequemlichkeit überwinden. Anstrengung billigend in Kauf nehmen. Erst dann werden Sie, in der dafür nötigen Zeit, auch eine bessere Aussicht genießen können. Erst dann ist Ihr Ziel erreicht!

Wer wachsen will, muss somit raus aus seiner Komfortzone! Und rein in die Wachstumszone! Gewinnen können Sie nur außerhalb Ihrer Komfortzone. Gewinnen können Sie nur in der Wachstumszone. Denn nur hier liegen die Chancen, Ihre Möglichkeiten und warten auf Ihre tatkräftige Umsetzung. Nur hier können Sie Ihre Chancen auch tatsächlich nutzen.

Auf der nächsten Seite folgt die Grafik „Komfortzone verlassen" um in die Wachstumszone zu gelangen.

Bildbeschreibung: Jeder Mensch muss seine Komfortzone verlassen, sobald er sich entfalten will. Dies geht nur über Handeln. Hierbei ist zu beachten, dass ich den Faktor Schmerz überwinden muss (z.B. Bequemlichkeit oder Angst etc.) um in die Wachstumszone zu gelangen.

Hierbei wächst jeder *mit*, beziehungsweise *durch* seine Erfahrungen. Durch seine Handlungen und den damit zusammenhängenden Erlebnissen kann jeder sein Potenzial entfalten. Die eigene Persönlichkeit wird dadurch bewusster wahrgenommen und entwickelt, ihr individuelles Persönlichkeitswachstum entsteht.

Handelt man dagegen nicht und verbleibt in der Komfortzone, ist grundsätzlich kein Wachstum möglich.

Kapitel 1 Mein Mindset

Gedanken sind Kräfte, die uns entweder siegen lassen oder - je nachdem welche Denkebene wir einnehmen - auch untergehen lassen. Erfolg, Reichtum und persönliche Größe entsteht zuerst im Kopf, in Form von Gedanken. Sie wissen es ja bereits: Gedanken sind Kräfte, die einen Weg zur Verwirklichung suchen!

Jeder kann grundsätzlich sein Unterbewusstsein auf Erfolg programmieren. Somit kann und muss sich jede Person folgerichtig bestimmte individuelle, ideelle, finanzielle und berufliche Ziele setzten, damit sein Unterbewusstsein zur helfenden Kraft hinsichtlich der Erreichung seiner persönlichen Ziele werden kann.

Jetzt fangen wir an, an Ihrer Persönlichkeit zu arbeiten: Zunächst beginnen wir das Fundament zu bilden, indem wir am Punkt Vision starten.

Mit Ihrer eigenen Vision richten Sie den Blick in Ihre Zukunft. Der Fokus sollte beispielsweise 10 Jahre betragen, was also soll in zehn Jahren sein, wie stellen wir uns unser Big Picture vor?

Bevor wir mit Übungen in unserem Arbeitsbuch beginnen, sollten wir erst einmal unser Denken hinterfragen - dies jedoch auf einer Meta-Ebene, soll heißen auf einer übergeordneten Ebene, um zu begreifen, wie unser Denken zurzeit entsteht und auf welcher Ebene wir uns tagsüber mehrheitlich gedanklich befinden, damit wir uns selbst besser einschätzen und steuern können.

Jeder Mensch wird sich tagsüber wohl in jeder der drei, nachfolgend beschriebenen, Denkebenen aufhalten.

Jedoch sind Sie nur dann erfolgreich in der Umsetzung Ihrer Lebensvision, Ihrer persönlichen Ziele, sobald Sie es schaffen, sich so oft wie möglich in der obersten Denkebene, somit in der Zone der Kreativität, aufzuhalten.

Sobald Sie den Aufbau und die Inhalte verschiedener Denkebenen in diesem Buch kennengelernt und verinnerlicht haben, werden Sie leicht anhand der verschiedenen Parameter einschätzen können, wie Ihre heutigen Bezugspersonen, ihre persönlichen Einflusspersonen zurzeit denken.

Also jene Menschen, mit denen Sie sich täglich umgeben, können Sie nun besser auf deren Denkebene identifizieren und somit ihre Denkweise einschätzen, um sich so ggf. von negativen Einflüssen bewusst abnabeln zu können und sich abzugrenzen.

Andererseits können Sie sich so Menschen anschließen, die Sie Ihrem Ziel, Ihrer Vision näherbringen und Sie auf dem Weg zu Ihrem persönlichen Erfolg durch deren schöpferische Denkweise unterstützen.

Ihr persönlicher Mindset ist somit ein wichtiger Erfolgsfaktor, Ihre geistige Einstellung und Ihr Umgang mit den eigenen Gedanken entscheidet über Erfolg oder Misserfolg!

Klarheit im Denken herbeiführen

Es geht nicht ohne die vielzitierten drei „K" des Erfolgs: Klarheit, Kompetenz und Konsequenz!

Zunächst zielt einiges in unserer Entwicklung zur erfolgreichen Persönlichkeit nicht ohne Grund darauf ab, dass wir Klarheit bekommen. Klarheit über unser *WARUM*, Klarheit über unsere Glaubenssätze und Werte sowie Klarheit über unsere Zwischenziele zu unserem individuellen Erfolg!

Bezüglich unseres Weges sollten wir zudem auch Klarheit über die zu erbringende Leistung unsererseits sowie unseres zukünftigen Netzwerks erlangen, wie auch darüber, welchen Preis in Form von Verzicht wir für welches Ziel bereit sind in Kauf zu nehmen, ob wir bereit sind, die geforderte Gegenleistung zu erbringen.

Die Klarheit darüber versetzt uns in die Lage, ggf. nötige Wegkorrekturen oder sogar Zielkorrektoren umzusetzen. Wir können uns folglich auf unserem Weg mit dem WIE, also mit den notwendigen Handlungsinhalten, beschäftigen!

Sobald Sie sich im Klaren darüber sind, wie die verschiedenen Denkweisen Ihren persönlichen Erfolg herbeiführen können, werden Sie anfangen, sich immer öfter mit Dingen zu beschäftigen, die Sie persönlich weiterbringen.

Dinge, die Sie nicht machen müssen, sondern machen wollen.

Es ist nun mal effizienter, wenn Sie nicht Ihre kostbare Zeit damit belegen, sich mit Dingen zu beschäftigen, die Sie nicht wollen, denn das bringt Sie nicht weiter!

Beschäftigen Sie sich mehrheitlich am Tag nur mit den Dingen, die Sie für die Erreichung Ihrer Ziele, Ihrer Vision für wichtig erachten und tatsächlich brauchen.

Hierzu sind mehrere Ebenen und Bereiche auf der kreativen Denkebene zu hinterfragen, damit ein nachhaltiger Erfolg herbeigeführt werden kann. Wie bereits beschrieben sollte dies auf der höchsten Denkebene geschehen, auf der kreativen, der schöpferischen Denkebene!

Gehen wir folgerichtig an dieser Stelle zunächst erst einmal auf unsere Wahlmöglichkeiten hinsichtlich der verschiedenen Gedankenkulturen ein.

Schauen wir uns dazu nun eine einfache Einteilung unserer Gedankenkultur, somit verschiedene Denkebenen an. Hiermit können wir unsere Gedanken in Zukunft in verschiedene Denkweisen einordnen. Des Weiteren können wir anfangen, unsere Gedanken und damit unser Unterbewusstsein so zu beeinflussen, dass wir uns durch eine richtige Gedankenwelt, auf eine erfolgsunterstützende Denkweise programmieren.

Gleichzeitig versetzen wir uns so in die Lage, zu erkennen, welche unsere Erfolgsblockaden in Form von falschen Gedanken sind und können so gezielt gegensteuern.

Dies geschieht durch Kenntnis und Anwendung des Wissens um die verschiedenen Denkebenen.

Schauen wir uns nun die Denkebenen und ihre Unterschiede genau an, um im ersten Schritt damit in Zukunft unsere Gedanken besser steuern zu können indem wir unser Denken hinterfragen, in welcher Denkebene wir uns während unseres Denkvorgangs befinden.

Des Weiteren werden wir dann im nächsten Schritt auch unsere Bezugspersonen kognitiv besser beurteilen können.

Auf den nächsten Seiten ist je eine Denkebene beschrieben. Grundsätzlich ist zu beachten:

„Das Gesetz der Resonanz bestätigt immer unsere eigene Denkebene"

Andere Denkweise, anderes Auftreten!

Ihre Entscheidung!

Gedankenkultur und Gedankenresonanz

Halten wir uns nun die verschiedenen Denkebenen vor Augen:

<u>Destruktive Ebene</u>

1. Die unterste Stufe des Denkens ist die Position der **Destruktion**, welche wir mit unserem Denken einnehmen können. Diese wird durch folgende Merkmale erkennbar und wird hier als die unterste Denkbasis dargestellt:

(negative Gefühlswelt)

a.) Innere Einstellung: „Alles ist negativ!"
b.) In der Praxis gegenüber ihrer Umwelt:

In dieser Denkebene finden sie Problemdenker mit vielen Zweifeln, welche ein grundsätzliches Verneinen als Einstellung erkennen lassen.

Hier herrscht ein negativ voreingenommenes Denken vor. Weiterhin äußert sich dies in Beanstanden, Bemängeln, Schuldzuweisung, Verurteilen, die anderen sind schuld etc.; Menschen, die vorwiegend in dieser Denkposition vorzufinden sind, verlassen nicht gern ihre

Komfortzone, da sie zulassen, ihrer Bequemlichkeit und ihrer Angst nachzugeben. Oft wird noch nicht einmal ein Versuch unternommen und eher nach einer Ausrede gesucht, warum etwas nicht funktioniert.

Bewahrende Ebene

2. Die mittlere Stufe des Denkens ist die Position der **Zustandsbewahrung** und der Verteidigung, welche wir mit unserem Denken einnehmen können. Diese ist durch folgende Merkmale erkennbar und wird hier als die mittlere Denkbasis darstellt:

(positive Gefühlswelt)

a.) Innere Einstellung: „Vorhandenes soll bewahrt werden!"

b.) In der Praxis gegenüber ihrer Umwelt:

Bei dieser Denkebene geht es darum, dass Vorhandenes und der Ist-Zustand erhalten und verteidigt werden soll.

Hierbei zeichnet sich diese Denkebene dadurch aus, dass Angst vor Verlust das Handeln beeinflusst und daher Erreichtes festgehalten wird.

Erreichtes soll nicht losgelassen werden, weil die Vergangenheit die Gegenwart bestätigt.

Neues und Anderes als der „normale Alltag" wird nur schwer oder gar nicht akzeptiert. Dies macht sich auch dadurch bemerkbar, dass Vorhandenes beispielsweise verwaltet wird.

Ein Festhalten an bisherigen Erfolgen ist in dieser Denkebene vorherrschend.

Manchmal ist diese Denkebene kognitiv nicht so ganz nachvollziehbar, da Menschen in dieser Denkebene glauben, dass sie alles beim Alten belassen können, sich somit in ihrer Komfortzone befinden, aber gleichzeitig die Hoffnung hegen, dass sich etwas ändert.

Auch hier ist hervorzuheben, dass wir uns in dieser Zone zwar wohlfühlen können, jedoch nicht wachsen werden, da wir nicht bereit sind unsere Wohlfühlzone / Komfortzone zu verlassen.

Kreative Ebene

3. Die oberste Stufe des Denkens ist die Position der **Kreation**, welche wir mit unserem Denken einnehmen können. Diese wird durch folgende Merkmale erkennbar und wird hier als die oberste Denkbasis darstellt:

(positive Gefühlswelt)

a.) Innere Einstellung: „Positive Meta-Sichtweise!"

b.) In der Praxis gegenüber ihrer Umwelt:

Denken in dieser Ebene zeichnet sich durch ein lösungsorientiertes positives Denken aus.

Menschen in dieser Denkebene haben keine oder wenig Zweifel. Auch haben sie keine Angst oder Hemmungen neue Projekte zu beginnen, außerdem sehen Menschen in dieser Denkhaltung Probleme eher als Chance.

Sie beginnen eher Neues kreativ zu entwickeln, zeichnen sich durch positives Handeln zum Nutzen Dritter aus, haben eine innovative Denkeinstellung und besitzen eine ideenreiche Geisteshaltung, mit der sie ohne Vorurteile an neue Sachverhalte herangehen.

Ein Loslassen bisheriger Erfolge ist denkbar und machbar. Kooperatives Denken verdrängt konfrontatives Denken.

Weitere Erläuterungen zu den skizzierten Denkebenen

Grundsätzlich muss an dieser Stelle nochmals klar zum Ausdruck kommen, dass keine dieser Denkebenen von Grund auf gut oder schlecht, positiv oder negativ behaftet sind.

Vielmehr ist es so, dass wir uns jeden Tag wohl in allen Denkebenen wiederfinden würden, da unsere Gefühle auch unser Denken beeinflusst. Ihre Gefühle dürfen aber nicht Herrscher Ihres Denkens und Ihrer Handlungen sein, sondern Sie müssen Herrscher über Ihr Denken werden, sofern Sie Ihre Ziele erreichen wollen. Wir werden somit auch Herrscher über unsere zukünftigen Erfahrungen, da wir durch dieses Wissen in der Lage sind, neue Erfahrungen in einer gewollt anderen Denkebene zu bewerten.

Ziel der Ausrichtung unserer Denkebenen ist es zum einen, dass wir diese Denkebenen erkennen, sowohl bei uns selbst als auch in unserer Umgebung. Des Weiteren, dass wir durch diese Kenntnis und durch unseren Willen in der Lage sind, unser Denken willentlich auf die kreative Denkebene zu fokussieren.

Ziel der kognitiven, also der denkend verstehenden, Betrachtung der Denkebenen ist es allerdings auch herauszuarbeiten, dass wir in die Lage versetzt werden, bewusst zu erkennen in welcher Denkebene wir uns derzeit befinden. Damit Sie Ihre unbewusst ablaufenden Programme, Ihre unbewussten Vorgehensweisen erkennen können. Dies, damit wir bewusst eine andere

Denkebene wählen und gewollt in die obere Denkebene dieses Modells, in die kreative Denkebene, wechseln können. Von daher ist die Kenntnis dieser Denkebenen erwünscht, da sie so gezielt auf Ihre Persönlichkeitsentwicklung und Ihren persönlichen Erfolg Einfluss nehmen können.

Ihr Denken von heute ist auch eine Folge Ihrer bisherigen Erfahrungen. So haben Menschen, die vorwiegend in der unteren Denkebene, in der destruktiven Ebene denken, oft schlechte Erfahrungen hinter sich und denken nun, dass die Welt so sei wie es ihre Erfahrungen widerspiegeln. Es liegt daran, dass sie selbst schlechte Erfahrungen gemacht oder diese an sie weitergegeben wurden.

Oft zeichnen sich die Menschen in dieser Denkebene durch eine zerstörerische Art hinsichtlich Ihrer Umwelt aus, dies gegenüber Dingen genauso wie gegenüber anderen Menschen.

Ebenso denken Menschen, die sich meist auf der Denkebene der Verteidigung befinden, oft über die möglichen Risiken nach, welche mit einer Entscheidung zum Handeln einhergehen könnte und konzentrieren sich so mehr auf die Risiken als auf die Chancen der neuen Möglichkeiten. Von daher hat dann auch ein Sicherheitsdenken Vorrang und Vorhandenes wird geschützt indem Veränderung, etwas Neues, abgelehnt wird.

Denken Menschen in der oberen, der gestalterischen schöpferischen Ebene, der Kreativ-Ebene, so setzen sie durch diese Art zu denken und wie sie Ihre Umgebung wahrnehmen, ihre Potenziale frei. Diese Art des Reflektierens motiviert, über sich selbst hinauszuwachsen.

Vertrauen steht bei dieser Denkweise als Wert ganz oben in der Rangordnung.

---

1. Meilenstein - Denkebene

Dies ist Ihr erster Meilenstein
von zwölf in diesem Buch.
Sie wissen zukünftig Ihr Denken
in Richtung kreative Denkebene
bewusst einzuschlagen.
Das kreative, schöpferische Denken
benötigen Sie auch bei der Bearbeitung
und der Entwicklung Ihrer Persönlichkeitsstruktur
in diesem Buch, damit Sie den maximalen Erfolg für sich
herausholen können.

Weitere Meilensteine in diesem Buch finden Sie immer nach einem Abschnitt, dort werden wichtige Lerninhalte nochmals für Sie festgehalten. Bitte einen Lerninhalt nach dem anderen erarbeiten, da alle genau in der vorzufindenden Reihenfolge aufeinander aufbauen und mit der finalen Übung enden.

Kapitel 2 Meine Vision

Was ist eine Lebensvision und warum ist diese wichtig?

> *„Wer nicht weiß, wohin er will, darf sich später nicht wundern, wenn er ganz woanders ankommt."*
>
> *Mark Twain*

Eine Lebensvision gibt uns eine deutliche Vorstellung davon, wie unser Leben mit all seinen zukünftigen Lebenszuständen und unserer Lebensumgebung aussehen soll. Die Vision drückt unsere eigene Vorstellung aus, wie wir zukünftig leben wollen und was wir in unserem Leben erreichen wollen.

„Eine Vision ist ein gedanklich vorweggenommener Erfolg"

Wie bei einem Puzzle zeigt es das große Bild auf. Ziele hingegen sind die dazu passenden Puzzlesteine. Und die Strategie beantwortet uns die Frage, WIE wir unser Puzzle bestmöglich zusammenstellen, um das große Bild fertigzustellen.

Wenn wir unsere persönliche Lebensvision erst einmal schriftlich fixiert haben, macht es unser Leben leichter, da durch die gegebene Orientierung nun Klarheit im Kopf herrscht, die notwendigen Ziele gesetzt werden können und die Umsetzung beginnen kann.

Des Weiteren lassen sich Chancen leichter identifizieren, welche uns auf dem Weg zu unserem Lebensziel dienlich sein können.

Zusätzlich gibt uns eine Vision auch Orientierung. Mit einer Lebensvision sind wir in der glücklichen Lage, Entscheidungen leichter treffen zu können, da wir nun unsere persönliche Richtung kennen.

Ferner können wir dadurch Chancen wahrnehmen die uns ermöglichen, nun zielgerichtet zu agieren statt unkoordiniert reagieren zu müssen.

Dazu nun das folgende Beispiel:

„Wer auf nichts zielt, der trifft auch nichts."[2]

Stellen Sie sich zunächst einmal vor, Sie wären auf einer Wiese, hätten einen Bogen in der einen Hand und in der anderen Hand einen Pfeil, den Sie abschießen wollen. Im Köcher auf dem Rücken befinden sich weitere Pfeile. Sie sind somit in der Lage, mehrere Pfeile zu verschießen.

In einem Fall verschießen Sie Ihre Pfeile zwar mit voller Kraft, aber ohne Ziel.

---

[2] Lao Tse, allgemeine Lebensweisheit.

Im nächsten Beispiel verschießen Sie auch wieder mit voller Kraft, aber haben ein Ziel worauf Sie zielen. Diesmal schießen Sie ein paar Mal daneben, treffen aber auch ein paar Mal.

Nehmen wir weiterhin an, die Pfeile symbolisieren Ihre Talente. Dann hätten Sie im ersten Beispiel alle Talente wahllos verschossen ohne eine Wirkung, im zweiten Beispiel hätten Sie jedoch ein paar Mal auch ein Ziel erreicht – eben weil Sie einen Zielfokus hatten.

> ➤ Impuls 1 „Denkanstoß Zielfokus"

Vergleichen Sie die Bilder und fragen Sie sich, welche Situation eher auf Sie zutrifft!

Ohne Zielfokus verschleudere ich meine Talente, ich bin erfolglos!

Mit Zielfokus setze ich meine Talente zielführend ein, ich bin erfolgreich!

Warum eine Lebensvision entwickeln?

Nach diesem Beispiel wird nun auch klar sein, warum wir uns mit unserem großen Ziel, unserer Vision beschäftigen müssen.

Wie entwickele ich nun meine eigene, höchstpersönliche Lebensvision?

Zunächst sind hierzu ein paar Einsichten wichtig, die wir vorab betrachten sollten.

Haben Sie es nicht auch schon oft beobachtet? Bei Menschen, die sich bereits einmal mit der eigenen Endlichkeit ihres Lebens auseinandergesetzt haben, oft konfrontiert mit Lebenssituationen wie nach schwerer Krankheit oder Tod in unmittelbarem Umfeld, leben offensichtlich oft ein geändertes, intensiveres und erfüllteres Leben! Woher kommt die neue Einstellung zum Leben? Um es mit den Worten von Mario von Andrade[3] zu sagen:

„Wir haben zwei Leben und das zweite beginnt,

wenn du bemerkst, dass du nur eins hast!"

---

[3] Dichter und Schriftsteller, Essayist und Musikwissenschaftler, San Paolo, 1893-1945

Diese Menschen haben sich aus dieser Situation heraus oft Gedanken gemacht, was in ihrem Leben von Bedeutung sein soll, haben somit tatsächlich begonnen, ihre eigene, persönliche Lebensvision *bewusst* zu entwickeln.

Ferner haben diese Menschen mit eigener Lebensvision für sich eine klare Vorstellung von ihren Zielen gewonnen.

Eine klare Vision lässt klare Ergebnisse entstehen, weil wir dann eine Idee davon haben, was wir zukünftig besitzen werden und wer wir sein wollen, wie und mit wem wir in welcher Umgebung leben wollen.

Visionen sind wie eine sich selbst erfüllende Prophezeiung, eine vorweggenommene Erfolgsbetrachtung unseres zukünftigen möglichen Lebens.

Daher brauchen wir hier eine klare Vorstellung davon, wie unsere Zukunft aussehen soll.

Erst dann haben wir eine Chance, so erfolgreich und glücklich in unserem Leben zu sein wie wir es wollen, da wir wissen, dass unsere Handlungen immer ein Schritt in die richtige Richtung sind.

Und erst dann sind wir in der Lage, optimal unsere Chancen zu erkennen und diese für die Erreichung unserer persönlichen Ziele zu nutzen.

Mein persönlicher Entwurf für meine Lebensvision

mit der Kleeblattmethode

Mein Leben   Mein Besitz

Mein Lernen   Meine Legende

> ➤ Impuls 2 „4er-Kleeblatt-Methode"

Erkenntnisübung: Meine Lebensvision entwickeln

Die allgemein bekannte Lebensbereich-Methode-Unterteilung[4]. Viele Mentoren geben zur besseren Planung der Lebensvision folgende 4er-Unterteilung als Fixierungsmethodik vor:

1. Bereich **Leben / Lieben:** Wie soll konkret mein ideales Leben aussehen? Zur schriftlichen Beschreibung bitte soweit möglich alle Sinne benutzen: Sehen, Hören, Fühlen, Riechen, Schmecken

2. Bereich **Besitz / Haben:** Was will ich besitzen? Welche konkreten Vorstellungen habe ich hierzu?

3. Bereich **Lernen / Kompetenz**: Wie komme ich schneller zum persönlichen Ziel durch relevantes anwendbares Wissen? Wissensnetz, Erfahrungen, neue Glaubenssätze, zielgerichtetes lernen?

4. Bereich **Legende / Nachlass:** Was wollen wir in dieser Welt hinterlassen? Welches Lebenswerk? Welche Legende? Welche Meinung über uns? Warum stehe ich morgens auf? Habe ich ein Motiv, was mich motiviert, meinen Weg zu gehen?

---

[4] Insbesondere abgeleitet aus der Suche nach dem Lebenssinn

Zu Bereich 1 **Leben / Lieben** (Klarheit über mein Sein)

Worin sehe ich meinen Lebenssinn? Warum bin ich hier? Wie soll mein ideales Leben konkret aussehen?

Zur Beschreibung bitte soweit möglich alle Sinne benutzen: Sehen, Hören, Fühlen, Riechen, Schmecken

_____

_____

_____

_____

_____

_____

_____

_____

_____

_____

_____

_____

_____

_____

_____

_____

_____

_____

_____

Hinweis für die Übungen: bitte bei Bedarf ein extra Blatt benutzen

Welche Sicherheit brauche ich auch zukünftig im Leben?
Wo und wie will ich leben, in welcher örtlichen Umgebung,
mit welchen Menschen? Wie soll zukünftig mein normaler
Tagesablauf sein?

_____

_____

_____

_____

_____

_____

_____

_____

_____

_____

_____

_____

_____

_____

_____

_____

_____

_____

_____

_____

_____

Zu Bereich 2 **Besitz / Haben**

Was will ich besitzen? Welche konkreten Vorstellungen habe ich hierzu?

Welches Einkommen möchte ich zukünftig regelmäßig oder unregelmäßig beziehen?

_____

_____

_____

_____

_____

_____

_____

_____

_____

Welche Art von Einkommen (Aktiv oder/und Passiv) möchte ich zukünftig konkret beziehen?

_____

_____

_____

_____

_____

_____

_____

_____

_____

Welches Vermögen muss oder will ich besitzen, um von den Zinsen meines Vermögens leben zu können? Will ich das wirklich? Welchen Preis bin ich bereit zu geben, als Gegenleistung für das, was ich nehmen will?

_____

_____

_____

_____

_____

_____

_____

_____

_____

Zu Bereich 3 **Lernen / Kompetenz**

Nun Fragestellungen zur grundsätzlichen Frage: was müssen wir uns an Kompetenzen aneignen, welche Kompetenzen sind nötig, um unserem selbst gesteckten Ziel näherzukommen. Daraus lässt sich ableiten, was ich mir selbst aneignen bzw. lernen muss, und was ich beispielsweise delegieren kann.

Welche Fähigkeiten und welche Fertigkeiten benötige ich zum Erreichen meiner Vision?

_____

_____

_____

_____

Eruieren Sie bitte schriftlich: Zu Bereich 4 **Legende / Nachlass oder Lebenswerk** - Warum ggf. wofür trete ich jeden Tag an?

_____

_____

_____

_____

_____

_____

Welche Motive und Gründe und welche Grundbedürfnisse habe ich, die ich mit dem Erreichen meiner Vision erfüllt haben will?

_____

_____

_____

_____

_____

_____

Was möchte ich in den nächsten zehn Jahren persönlich erreichen? Welchen Nutzen bringe ich damit anderen Menschen?

_____

_____

_____

_____

_____

_____

Will ich eine Legende, ein Lebenswerk nach meinem Ableben hinterlassen und wenn ja welches?

_____

_____

_____

_____

_____

_____

_____

_____

_____

_____

_____

_____

_____

_____

_____

_____

_____

_____

_____

_____

_____

_____

_____

2. Meilenstein - Lebensvision

Gratulation!
Sie haben den
ersten Schritt mit der
Kleeblattmethode durchgeführt,
um Ihre eigene Lebensvision zu
entwerfen. Sie wissen jetzt genauer,
wie Sie sich Ihr zukünftiges Leben vorstellen
und haben dies schriftlich fixiert.

Überprüfen Sie immer wieder, Bereich für Bereich, die Qualität Ihrer Vision, ob diese Vision Ihre ideale Wunschvorstellung Ihres zukünftigen Lebens darstellt.

Sind alle Ihre Wünsche auch konkret aufgeführt?

Wichtig ist hierbei auch, dass Ihre Vorstellung von Ihrer Zukunft Sie emotional berührt, Sie begeistert! Dann gibt Ihnen Ihre Lebensvision die nötige Kraft Ihren Weg zu gehen und Hindernisse zu bewältigen.

Kapitel 3 Meine höchstpersönlichen Potenziale

> ➤ Impuls 3 „Meine persönliche Fähigkeiten"

Wollen Sie schon oder müssen Sie noch?

Sie wissen es ja bereits. Da Ihr persönlicher Erfolg nur außerhalb unseres heutigen Komfortbereichs möglich ist, ist es zwingend notwendig, dass Sie Ihren Komfortbereich verlassen und so oft irgend möglich in den Wachstumsbereich wechseln!

Hierzu müssen Sie sich besser kennenlernen, damit Sie einschätzen können, nach welchen Handlungsmustern Sie derzeit funktionieren.

Wir brauchen eine grundsätzliche Struktur im Denken und ein nachvollziehbares Schema als Schablone oder ggf. als Fundament für unsere weitere Denkweise und Selbsterkennung.

Erst dann können wir unsere eigenen Handlungen erkennen und bewerten, ob diese gut oder unbrauchbar für unseren gewünschten Erfolg sind, und erst dann können diese gewollt sowie gezielt von uns verändert werden.[5]

---

[5] siehe hierzu vorn im Buch: Aufbauebenen des persönlichen Erfolgs

Dazu werden zunächst einmal Ihre eigenen Fähigkeiten und Fertigkeiten in den Vordergrund gerückt und eruiert.

Ihre Einstellung beruht auf diesen Fähigkeiten und Fertigkeiten und Ihren derzeitigen Werten, dazu stellen Sie in der nächsten Übung zunächst einmal fest, welche Fähigkeiten, also Talente und welche Fertigkeiten Sie besitzen und leben.

Tun Sie dies bewusst, um danach auch gezielte Änderungen durchführen zu können, falls sich herausstellen sollte, dass bestimmte höchstpersönliche Eigenschaften Sie an Ihrem gewünschten Erfolg hindern, damit Sie Ihre vorhandenen Fähigkeiten auch bewusst einsetzen.

Bitte kreuzen Sie in der nun folgenden Übersicht zuerst einmal Ihre **gelebten Potenziale** an, bestehend aus Fähigkeiten (Talente anwendbar) und Fertigkeiten (Erlerntes anwendbar) und bringen Sie diese *danach,* also in einer auf diese Erkenntnisübung folgenden, vorgegebenen Aufstellung, in eine Prioritätenreihenfolge von 1 bis 10 hinsichtlich Ihrer persönlich wichtigsten Potenziale bzw. Eigenschaften.

Erkenntnisübung **Fähigkeiten** und **Fertigkeiten**

Legende zur Übung: Ordnen Sie durch Ankreuzen Zutreffendes in eher „ja zutreffend" (links) oder eher „nein nicht zutreffend" (rechts) ein. Der mittlere Kreis bedeutet neutral, also keine Festlegung oder Kenntnis hinsichtlich der eigenen Fähigkeit oder Fertigkeit, es bedeutet somit weder ja (Potenzial vorhanden) noch nein (Potenzial nicht vorhanden).

eher ja O O O O O eher nein

1.	O O O O O	Ich kann gut reden
2.	O O O O O	Ich arbeite kreativ
3.	O O O O O	Ich denke bewahrend
4.	O O O O O	Ich denke schöpferisch
5.	O O O O O	Ich kann gut erklären
6.	O O O O O	Ich kann verhandeln
7.	O O O O O	Ich kann motivieren
8.	O O O O O	Ich kann begeistern
9.	O O O O O	Ich kann gut führen
10.	O O O O O	Ich kann gut lernen
11.	O O O O O	Ich bin sportlich
12.	O O O O O	Ich kann gut schreiben
13.	O O O O O	Ich kann gut rechnen
14.	O O O O O	Ich kann gut lesen
15.	O O O O O	Ich bin scharfsinnig
16.	O O O O O	Ich bin diszipliniert
17.	O O O O O	Ich bin ehrgeizig

18.	O O O O O	Ich bin einfühlsam
19.	O O O O O	Ich besitze Charme
20.	O O O O O	Ich entdecke Chancen
21.	O O O O O	Ich erkenne Zeitfenster
22.	O O O O O	Ich kann gut planen
23.	O O O O O	Ich besitze Sinn für schöne Dinge
24.	O O O O O	Ich habe Charisma
25.	O O O O O	Ich bin mutig
26.	O O O O O	Ich bin geschäftstüchtig
27.	O O O O O	Ich besitze Konzentrationskraft
28.	O O O O O	Ich bin ein offener Mensch
29.	O O O O O	Ich bin umsetzungsstark
30.	O O O O O	Ich kann mich gut artikulieren
31.	O O O O O	Ich bin schriftlich ausdrucksstark
32.	O O O O O	Ich kann gut zuhören
33.	O O O O O	Ich bin umweltbewusst
34.	O O O O O	Ich kann gut visualisieren
35.	O O O O O	Ich besitze positive Ausstrahlung
36.	O O O O O	Ich denke positiv
37.	O O O O O	Ich liebe mich
38.	O O O O O	Ich liebe andere Menschen
39.	O O O O O	Ich bin beziehungsfähig
40.	O O O O O	Ich glaube an mich
41.	O O O O O	Ich bin mental stark
42.	O O O O O	Ich bin vital
43.	O O O O O	Ich bin voller Energie
44.	O O O O O	Ich bin gerechtigkeitsliebend
45.	O O O O O	Ich bin zielfokussiert
46.	O O O O O	Ich besitze Menschenkenntnis
47.	O O O O O	Ich akzeptiere mich
48.	O O O O O	Ich bin innerlich ruhig

49.	O O O O O	Ich bin mutig trotz Angst
50.	O O O O O	Ich bin zuverlässig
51.	O O O O O	Ich bin dankbar
52.	O O O O O	Ich bin glücklich
53.	O O O O O	Ich bin zufrieden
54.	O O O O O	Ich agiere selbstbelohnend
55.	O O O O O	Ich bin verantwortungsvoll
56.	O O O O O	Ich bin erfolgreich
57.	O O O O O	Ich bin großzügig
58.	O O O O O	Ich bin konstruktiv
59.	O O O O O	Ich kann loslassen
60.	O O O O O	Ich akzeptiere Meinungen anderer
61.	O O O O O	Ich bin konsequent
62.	O O O O O	Ich sehe Probleme als Chance
63.	O O O O O	Ich sehe das Leben als Spiel
64.	O O O O O	Ich sehe das Leben als Geschenk
65.	O O O O O	Ich sehe das Leben als Chance
66.	O O O O O	Ich bin meist gut gelaunt
67.	O O O O O	Ich bin loyal
68.	O O O O O	Ich habe Ausdauer
69.	O O O O O	Ich bin genial
70.	O O O O O	Ich bin ein entschlossener Mensch
71.	O O O O O	Ich bin ein freundlicher Mensch
72.	O O O O O	Ich bin lustig
73.	O O O O O	Ich liebe Abenteuer
74.	O O O O O	Ich bin ein guter Ratgeber
75.	O O O O O	Ich bin ein guter Mentor
76.	O O O O O	Ich bin ein guter Coach
77.	O O O O O	Ich bin ein guter Schüler
78.	O O O O O	Ich bin ein geduldiger Mensch
79.	O O O O O	Ich bin glaubwürdig

80.　O O O O O　Ich löse Probleme
81.　O O O O O　Ich kann Vorteile verschaffen
82.　O O O O O　Ich besitze gute Bildung
83.　O O O O O　Ich bin sympathisch
84.　O O O O O　Ich lebe hier und heute
85.　O O O O O　Ich bin tierlieb
86.　O O O O O　Ich bin handwerklich gut
87.　O O O O O　Ich habe ein gutes Zeitmanagement
88.　O O O O O　Ich kann gut zeichnen
89.　O O O O O　Ich kann gut loslassen
90.　O O O O O　Ich kann gut reparieren
91.　O O O O O　Ich kann gut beraten
92.　O O O O O　Ich kann gut zuhören

Hierzu erstellen Sie nun bitte eine Ergänzungsliste Ihrer weiteren Fähigkeiten, Fertigkeiten und positiven Eigenschaften, welche nicht in der Liste genannt wurden:

o_____

o_____

o_____

o_____

o_____

o_____

o_____

o_____

o_____

o_____

o_____

o_____

Nun notieren Sie bitte Ihre zehn wichtigsten Fähigkeiten (Talente) und Fertigkeiten (Kompetenzen) in der Ihrer Meinung nach richtigen Reihenfolge:

1_____

2_____

3_____

4_____

5_____

6_____

7_____

8_____

9_____

10_____

3. Meilenstein - Fähigkeiten & Fertigkeiten

Glückwunsch!
Nun sind Sie sich Ihrer größten
Fertigkeiten und Fähigkeiten
bewusst und haben diese je nach
Ausprägung in eine Reihenfolge
gebracht.

Nun gibt es noch etwas zu tun!

Bitten Sie Personen aus Ihrer Lebensumgebung Ihnen Ihre
größten Talente aus deren Sicht mitzuteilen.
Es reichen die ersten drei Fähigkeiten, die ihnen einfallen.
Oft sind Ihnen selbst diese nicht bekannt, aber auch diese
Talente besitzen Sie.
Auch diese Talente erfassen Sie bitte und bringen Sie diese
zukünftig bewusst zur Anwendung.

Erfasstes Feedbackergebnis seitens Dritter der mir bisher
unbekannten Talente:

_____

_____

_____

Nun, nachdem Sie Ihre Fähigkeiten und Fertigkeiten vorab geordnet vorliegen haben, folgen weitere Fragen an Sie zur Manifestierung:

Welche Fähigkeiten und Fertigkeiten haben Sie Ihrer Meinung nach bei Ihren bedeutendsten Lebenserfolgen eingesetzt?

_____

_____

_____

_____

_____

_____

_____

_____

_____

_____

_____

_____

_____

Welche Ihrer Fähigkeiten und Fertigkeiten machen Sie Ihrer Meinung nach einzigartig? (Anders als andere = AAA)

_____

_____

_____

_____

_____

_____

_____

_____

_____

_____

_____

_____

_____

_____

> ➢ Impuls 4 „Nachruf-Wunschvorstellung"

Kommen wir zur nächsten Übung. Grundsätzlich ist dies eine Selbstfindungsübung. Bei dieser Übung stellen wir uns vor, dass verschiedene Menschen von uns Abschied nehmen. (Beispielsweise wenn Sie 99 Jahre alt geworden wären)

Dies können Lebensgefährten, Kinder Freunde, Bekannte, Verwandte, Kollegen oder Menschen aus der Öffentlichkeit sein, wobei wir uns vorstellen, was wir uns wünschen, was diese bei unserer Beerdigung an unserem Grab über uns sagen.

Wer sollte an unserem Grab stehen?

Was würden wir gerne von anderen über uns hören?

Wie möchte ich von anderen gesehen werden?

Zu welchem Menschen möchte ich mich weiterentwickeln?

Wer soll ich meiner Meinung nach in Zukunft sein?

All das hinterfrage ich mit dieser Selbsterkenntnisübung. Diese Übung hilft uns auch bei unseren Entscheidungen, da man so Klarheit über seine Ziele und Denken gewinnen kann.

Insbesondere weiß ich dadurch bei zukünftigen Handlungen, wie ich mich verhalten muss, um zu diesem Menschen zu werden, den ich mir in der zukünftigen Grabrede-Situation vorstelle.

Hierbei geht es darum, das eigene **Leitbild** und meine bereits erstellte Lebensvision zu vervollkommnen und mehr über mich selbst zu erfahren.

Unter anderem erkennt man durch diese Übung, was für ein Mensch man sein möchte. Dieser Mensch ist somit für mich selbst der optimierte Mensch dessen, der ich heute bin. Dieser Mensch wird in der Zukunft meine Ziele leben und ich werde mich im Laufe meines Lebens zu dieser Wunschfigur entwickeln. So bestimmt der Weg das Ziel, weil dazu meine Persönlichkeitsentwicklung im Vordergrund steht. Dies ist notwendig, damit ich zu der Persönlichkeit werde, die meine zukünftigen Lebensinhalte, welche ich bereits in der ersten Kleeblatt-Lebensbereich-Übung festgelegt habe, dann auch tatsächlich leben kann. Das versetzt mich in die Lage, mich weiterzuentwickeln, um diese Position in der Zukunft auch tatsächlich einnehmen zu können. Diese Person ist meist nicht identisch mit der Person, die man aktuell ist.

Diese Person hat andere Charaktereigenschaften und andere Kompetenzen als Sie heute bereits besitzen! Diese Person hat sich weiterentwickelt in der von Ihnen gewünschten Richtung, welche Sie auch mit dieser Übung weiter und noch konkreter manifestieren. Somit finden Sie eine weitere Feinjustierung hinsichtlich Ihrer Lebensvision. Sie können dadurch noch fokussierter vorgehen und Ihre Handlungsstrategie genauer ausrichten.

Auch bei dieser Übung ist die schriftliche Manifestierung Ihrer Gedanken hinsichtlich Ihrer Wünsche in Bezug auf Ihre Person von großer Wichtigkeit. Gehen Sie auf jede Person ein, welche sich von Ihnen verabschiedet und verfassen Sie zu jeder Person eine Rede, welche diese an Ihrem Grab halten würde. So wie Sie es sich vorstellen, wie es Ihrer Meinung nach optimal wäre. Beginnen Sie die Übung einfach mit Stichworten, welche Charaktereigenschaften Sie von sich hören wollen und wer dies von Ihnen sagt und welche Handlungsweisen man Ihnen nachsagt:

Person:_____

Rede:_____

_____

_____

_____

_____

_____

_____

_____

_____

_____

_____

Person:_____

Rede:_____

_____

_____

_____

_____

_____

_____

_____

_____

_____

_____

_____

Person:_____

Rede:_____

_____

_____

_____

_____

_____

_____

_____

_____

_____

_____

_____

_____

_____

_____

Person:_____

Rede:_____

_____

_____

_____

_____

_____

_____

_____

_____

_____

4. Meilenstein - Nachruf

Wirkung Ihres
selbstgeschriebenen Nachrufs:
Wenn Sie sich für Ihren
Nachruf entsprechend Zeit
genommen haben, werden Sie
merken, wie aufschlussreich es war,
sich damit zu beschäftigen. Nun können
Sie Rückschlüsse ziehen, auf das worauf es
Ihnen wirklich ankommt.

Ihre bedeutende Lebensvision und Ihre Ziele sind nun klarer.
Sie fühlen sich geordneter und fokussierter.
Sie spüren Ihre Intuition, Ihre Richtung ist nun sichtbar und fassbar geworden!

Eigene Notiz hinsichtlich der Wirkung[6] und Erkenntnis der Übung:

_____

_____

_____

_____

_____

_____

_____

_____

_____

_____

_____

_____

---

[6] Welche Idealvorstellung habe ich von mir in der Zukunft, wie und wer will ich werden?

Kapitel 4 Meine individuellen Werte

Möchte man den Begriff Werte definieren, so könnte man Werte oder Wertvorstellungen so verstehen, dass dies Eigenschaften oder Vorzüge sind, die ein Mensch für sich oder für Dritte als erstrebenswert betrachtet. Diese Werte sind die Basis, auf der wir unsere Entscheidungen treffen und die dazu beitragen, wie wir unsere Handlungen ausrichten.

Was ist für Sie wirklich wichtig und warum? Dazu sagen unsere Werte eine Menge aus. Werte haben wir uns im Laufe unseres Lebens angeeignet, sei es durch unsere Erziehung, durch unsere Umgebung oder durch sonstige Gegebenheiten in unserem Leben. Das besagt auch, dass wir unsere Werte jederzeit ändern können. Dies ist dann besonders wichtig, wenn unsere bisherigen Werte uns am Erreichen unserer Ziele hindern. Dies ist auch unter dem Aspekt betrachtet, dass unsere Werte unsere Denkweise, unsere Sicht auf die Dinge und letztendlich unsere Handlungen stark beeinflussen.

Durch die Kenntnis und der willentlichen und wissentlichen Beeinflussung Ihrer eigenen Entscheidungsgrundlagen, hier Ihrer Werte, können Sie bewusst die eigene Kontrolle über Ihren Lebensweg zurückerobern. Insbesondere ist dies aufgrund der Tatsache wichtig, dass unsere eigenen Werte auch mit unseren Zielen übereinstimmen müssen, wenn wir diese auch erreichen wollen.

Ein Konflikt zwischen Ihren Wertvorstellungen und Ihren Zielen sollte ausgeräumt werden, weil Sie sonst Ihr Ziel nicht erreichen können. Sie werden sich immer selbst im Wege stehen.

Sie sind hiermit, durch die nächste Übung in die Lage versetzt, nun Ihre wahren Werte zu eruieren und folglich erfahren Sie, nach dieser Übung, Ihre Werte nach und nach so zu verändern, dass Sie ein anderes Verhalten und somit einen erfolgsversprechenden Modus Operandi[7] entwickeln können.

Erkenntnisübung: Meine persönlichen Werte ausarbeiten

Was ist mir an meiner Vision wichtig, insbesondere welche Werte?

Übungsbeschreibung für die Erarbeitung Ihrer persönlichen Werte-Reihenfolge:

Die folgende Aufgabe besteht darin, dass Sie zunächst aus einer Aufzählung von ausgewählten und vorgeschlagenen Werten einige auf Sie individuell zutreffende Werte heraussuchen.

Nachfolgend fügen Sie in der Liste nicht vorhandene eigene individuelle Werte hinzu.

---

[7] lat.: „Art des Handelns" beschreibt eine lateinische Phrase, mit der auf die Art und Weise des Handelns eines Menschen Bezug genommen wird.

Später erstellen Sie die Prioritätenliste, d.h. Sie setzen die TOP-TEN-Werte nunmehr in eine Reihenfolge von 1 bis 10, in Ihrer eigenen nach Wichtigkeit sortierten Werteskala.

Damit stellen sich die für Sie führenden Werte Ihrer Person heraus, nach denen unter anderem unbewusst beeinflusste Entscheidungen im Alltag entstehen.

Diese nun sichtbare, erstellte Werteskala dient im weiteren Verlauf dazu, im Alltag nötige Kurskorrekturen vornehmen zu können, wenn vorhandene Werte nicht zu Ihrer tatsächlichen Vision passen oder diese verhindern würden.

➢ Impuls 5 „Mein persönliches Wertesystem"

Welche Werte sind für mich wichtig?

Machen Sie sich in dieser Übung zunächst Gedanken über IHRE Werte und ordnen diese entsprechend Ihrer Vorstellung ein. In einem zweiten Schritt werden Sie diese in eine Tabelle gemäß Priorität 1 bis 10 in eine persönliche Reihenfolge schriftlich einordnen.

Vorgehensweise:

1. Zunächst bitte aus der Vorgabe-Liste Ihre individuellen Werte an der richtigen Stelle einordnen und ankreuzen

2. Danach Ihre „TOP-TEN-Werte" aus den vorgegebenen Werten heraussuchen, indem Sie diese 10 individuellen Werte in die richtige eigene Reihenfolge in eine für Sie vorbereitete Tabelle von 1 bis 10 einbringen.

Liste zur Wertefeststellung

Welche Werte lebe ich?

Welche Werte schätze ich?

Welche Werte sind mir wichtig?

Welche Werte beeinflussen mich tagtäglich in meinem Handeln?

Bitte nachfolgend zu den oben genannten passende Auswahlwerte in dieser Übung ankreuzen, um Ihre allgemeinen Werte zu eruieren:

Übungslegende: Ordnen Sie Zutreffendes durch Ankreuzen ein, dies in:

eher ja O O O O O eher nein

1.	O O O O O	Abwechslung
2.	O O O O O	Abenteuer
3.	O O O O O	Achtsamkeit
4.	O O O O O	Achtung
5.	O O O O O	Agilität
6.	O O O O O	Aufrichtigkeit
7.	O O O O O	Aktivität
8.	O O O O O	Aktualität
9.	O O O O O	Akzeptanz
10.	O O O O O	Anerkennung
11.	O O O O O	Andersartigkeit
12.	O O O O O	Anmut
13.	O O O O O	Ansehen
14.	O O O O O	Anstand
15.	O O O O O	Ästhetik
16.	O O O O O	Aufgeschlossenheit
17.	O O O O O	Aufmerksamkeit
18.	O O O O O	Ausgeglichenheit
19.	O O O O O	Ausgewogenheit
20.	O O O O O	Authentizität
21.	O O O O O	Balance
22.	O O O O O	Begeisterung
23.	O O O O O	Behutsamkeit
24.	O O O O O	Beharrlichkeit
25.	O O O O O	Beziehungen
26.	O O O O O	Bescheidenheit

27.	O O O O O	Besonnenheit
28.	O O O O O	Charisma
29.	O O O O O	Bildung
30.	O O O O O	Beständigkeit
31.	O O O O O	Charakterstärke
32.	O O O O O	Durchhaltevermögen
33.	O O O O O	Dankbarkeit
34.	O O O O O	Demut
35.	O O O O O	Disziplin
36.	O O O O O	die / der Beste sein
37.	O O O O O	Eigenständigkeit
38.	O O O O O	Effektivität
39.	O O O O O	Ehrgeiz
40.	O O O O O	Enthusiasmus
41.	O O O O O	Einfühlungsvermögen
42.	O O O O O	Effizienz
43.	O O O O O	Ehrlichkeit
44.	O O O O O	Erholung
45.	O O O O O	Entschlossenheit
46.	O O O O O	Ehre
47.	O O O O O	Empathie
48.	O O O O O	Entscheidungsfreude
49.	O O O O O	Exzellenz
50.	O O O O O	Fairness
51.	O O O O O	Fokussiert
52.	O O O O O	Fitness
53.	O O O O O	Familie
54.	O O O O O	Fleiß
55.	O O O O O	Flexibilität
56.	O O O O O	Freiheit
57.	O O O O O	Finanzielle Freiheit

58.	O O O O O	Freude
59.	O O O O O	Freundschaft
60.	O O O O O	Freundlichkeit
61.	O O O O O	Frieden
62.	O O O O O	Fröhlichkeit
63.	O O O O O	Fürsorglichkeit
64.	O O O O O	Fülle
65.	O O O O O	Geduld
66.	O O O O O	Glaube
67.	O O O O O	Geografische Freiheit
68.	O O O O O	Geld
69.	O O O O O	Genuss
70.	O O O O O	Glück
71.	O O O O O	Gemeinschaft
72.	O O O O O	Gelassenheit
73.	O O O O O	Gemütlichkeit
74.	O O O O O	Gerechtigkeit
75.	O O O O O	Geborgenheit
76.	O O O O O	Gesundheit
77.	O O O O O	Geselligkeit
78.	O O O O O	Glaubwürdigkeit
79.	O O O O O	Großzügigkeit
80.	O O O O O	Güte
81.	O O O O O	Harmonie
82.	O O O O O	Hartnäckigkeit
83.	O O O O O	Hilfsbereitschaft
84.	O O O O O	Hingabe
85.	O O O O O	hoffnungsvoll
86.	O O O O O	Höflichkeit
87.	O O O O O	Humor
88.	O O O O O	Herausforderung

89.	O O O O O	Idealismus
90.	O O O O O	Innovation
91.	O O O O O	inspirierend
92.	O O O O O	Individualismus
93.	O O O O O	Integrität
94.	O O O O O	intelligent
95.	O O O O O	Interesse
96.	O O O O O	Intuition
97.	O O O O O	Klugheit
98.	O O O O O	Kunst
99.	O O O O O	körperliche Fitness
100.	O O O O O	Kinderwunsch
101.	O O O O O	konservativ
102.	O O O O O	kultiviert
103.	O O O O O	Kontrolle
104.	O O O O O	Kreativität
105.	O O O O O	Karriere
106.	O O O O O	lachen
107.	O O O O O	Leidenschaft
108.	O O O O O	Leistung
109.	O O O O O	Lässigkeit
110.	O O O O O	Logik
111.	O O O O O	Lebenskraft
112.	O O O O O	Lebensfreude
113.	O O O O O	Leichtigkeit
114.	O O O O O	Liebenswürdigkeit
115.	O O O O O	Loyalität
116.	O O O O O	Mitgefühl
117.	O O O O O	Macht
118.	O O O O O	motivierend
119.	O O O O O	Mut

120.	O O O O O	Menschlichkeit
121.	O O O O O	Nachhaltigkeit
122.	O O O O O	Nächstenliebe
123.	O O O O O	Neutralität
124.	O O O O O	Offenheit
125.	O O O O O	Optimismus
126.	O O O O O	Ordnungsliebend
127.	O O O O O	Ordnungssinn
128.	O O O O O	Organisationstalent
129.	O O O O O	Pflichtgefühl
130.	O O O O O	Pragmatismus
131.	O O O O O	Phantasie
132.	O O O O O	Pünktlichkeit
133.	O O O O O	Persönlichkeit
134.	O O O O O	persönliches Wachstum
135.	O O O O O	Professionalität
136.	O O O O O	pragmatisch
137.	O O O O O	Präsenz
138.	O O O O O	Pünktlichkeit
139.	O O O O O	Realismus
140.	O O O O O	Redlichkeit
141.	O O O O O	Reflektion
142.	O O O O O	Respekt
143.	O O O O O	Reinheit
144.	O O O O O	Religion
145.	O O O O O	Reichtum
146.	O O O O O	Ruhm
147.	O O O O O	Ruf / Reputation
148.	O O O O O	Rücksichtnahme
149.	O O O O O	Sanftmut
150.	O O O O O	Scharfsinn

151.	O O O O O	Sinnlichkeit
152.	O O O O O	Spontanität
153.	O O O O O	Sauberkeit
154.	O O O O O	Selbstdisziplin
155.	O O O O O	Selbstbewusstsein
156.	O O O O O	Selbstbeherrschung
157.	O O O O O	Selbstsicherheit
158.	O O O O O	Selbstvertrauen
159.	O O O O O	Selbstachtung
160.	O O O O O	Sexualität
161.	O O O O O	sensibel
162.	O O O O O	Sicherheit
163.	O O O O O	Solidarität
164.	O O O O O	Sorgfalt
165.	O O O O O	Status
166.	O O O O O	Spiritualität
167.	O O O O O	Sparsamkeit
168.	O O O O O	Spaß
169.	O O O O O	Standfestigkeit
170.	O O O O O	Schlagfertigkeit
171.	O O O O O	Sympathie
172.	O O O O O	Pflichterfüllung
173.	O O O O O	Teamgeist
174.	O O O O O	Tapferkeit
175.	O O O O O	teilen
176.	O O O O O	Toleranz
177.	O O O O O	traditionell
178.	O O O O O	Transparenz
179.	O O O O O	Treue
180.	O O O O O	Tüchtigkeit
181.	O O O O O	Überzeugung

182.	O O O O O	Unvoreingenommenheit
183.	O O O O O	Unbestechlichkeit
184.	O O O O O	Verantwortung
185.	O O O O O	Vielfalt
186.	O O O O O	Vorbild sein
187.	O O O O O	Verlässlichkeit
188.	O O O O O	Vertrauen
189.	O O O O O	verzeihen
190.	O O O O O	Wachsamkeit
191.	O O O O O	Wertschätzung
192.	O O O O O	Weiterentwicklung
193.	O O O O O	Weisheit
194.	O O O O O	Wettbewerb
195.	O O O O O	Wahrheit
196.	O O O O O	Willenskraft
197.	O O O O O	Weitsicht
198.	O O O O O	Wohlstand
199.	O O O O O	Würde
200.	O O O O O	Zielstrebigkeit
201.	O O O O O	Zärtlichkeit
202.	O O O O O	zeitliche Freiheit
203.	O O O O O	Zuverlässigkeit
204.	O O O O O	Zweckmäßigkeit
205.	O O O O O	Zugehörigkeit
206.	O O O O O	Zuneigung
207.	O O O O O	Zuversicht
208.	O O O O O	Ziele
209.	O O O O O	Zufriedenheit

Erkennen Sie bei sich weitere, hier nicht genannte Werte?
Bitte auch notieren!

_____

_____

_____

_____

_____

_____

_____

_____

_____

_____

_____

_____

_____

_____

_____

_____

_____

_____

_____

_____

MEINE TOP-TEN-WERTE! Nun bitte Ihre Werte in die richtige

Reihenfolge bringen:

1 _____

2 _____

3 _____

4 _____

5 _____

6 _____

7 _____

8 _____

9 _____

10 _____

---

5. Meilenstein - Werte

Super. Sie haben den nächsten
Meilenstein erreicht!

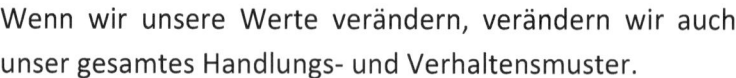

Sie haben nun Ihre
Werteskala der TOP-TEN
festgelegt und wissen jetzt, nach
welchen Werten Sie Ihre Handlungen ausrichten.

Wenn wir unsere Werte verändern, verändern wir auch
unser gesamtes Handlungs- und Verhaltensmuster.

Mit anderen Werten ziehen wir auch andere Menschen in
unser Leben.

> ## Impuls 6 „Individuelle Potenzialanalyse"

Die höchstpersönliche, individuelle Berufung

Für die eigenen signifikant, die eruiert zu haben. zu entdecken und persönlichen nachzukommen, ist der größten Motivatoren in Leben. Daher ist es zunächst eine mit unseren Stärken und herausarbeiten, damit wir wir keinen Spaß haben und wahren Stärken sind. Wahre auszuleben macht immer Spaß wichtige Aufgaben nachhaltig

Definition der Berufung ist eigenen Werte Seine Talente seiner Motivation wohl einer intrinsischen unserem wichtig, dass wir Potenzialanalyse Schwächen lokalisieren, woran was unsere Stärken und wird uns für motivieren.

Die SWOT Analyse ist mit folgenden Abkürzung aus vier englischen Begriffen zusammengesetzt:

Strengths (Stärken) vs. Weaknesses (Schwächen),

Opportunities (Chancen) vs. Threats (Bedrohungen).

Die Stärken und Schwächen beziehen sich auf die interne Analyse, somit Fragen zum eigenen Ich, während sich die Chancen und Risiken auf die externe Analyse, somit Fragen zu den Umständen, zur Umgebung, fokussieren.

Bereich 1 Stärken /Chancen

Bei der Mischung aus Stärken und Chancen ergibt sich die Fragestellung, welche Chancen sich aus welchen Stärken heraus ergeben. Diese Stärken sollten **ausgebaut** werden, entsprechende Maßnahmen sollten zur Handlung führen.

Bereich 2 Stärken /Risiken

Bei der Mischung aus Stärken und Risiken ergibt sich die Fragestellung, welche Stärken welche Risiken minimieren können. Diese Stärken sollten **abgesichert** werden, entsprechende Maßnahmen sollten zur Handlung führen.

Bereich 3 Schwächen/Chancen

Bei der Mischung aus Schwächen und Chancen ergibt sich die Fragestellung, welche Schwächen eliminiert werden sollten, um neue Chancen nutzen zu können. Diese Schwächen sollten **aufgeholt** werden, entsprechende Maßnahmen sollten zur Handlung führen.

Bereich 4 Schwächen/Risiken

Bei der Mischung aus Schwächen und Risiken ergibt sich die Fragestellung, welche Schwächen zu Risiken führen können, um entsprechende Verteidigungsstrategien ableiten zu können. Diese Schwächen sollten **abgebaut** werden, entsprechende Maßnahmen sollten zur Handlung führen. Erstellen Sie nun für sich eine eigene SWOT Analyse, indem Sie Ihre Stärken eintragen, diese jeweils den äußeren Umständen in Form von Chancen und Risiken gegenüberstellen und so dann Ihren Handlungsbedarf eruieren.

Auch Ihre Schwächen stellen Sie bitte Ihren Chancen und Risiken gegenüber, um auch dazu den konkreten Handlungsbedarf heraus zu stellen.

Versuchen Sie, so viele Bereiche wie möglich mit dieser SWOT-Analyse zu erarbeiten, da Sie so Ihre intrinsische Motivatoren beeinflussen können.

Achten Sie darauf, das Sie Ihre herausgearbeiteten Stärken mit Ihrer Vision abgleichen. Prüfen Sie, inwieweit diese für ihre Vision eingesetzt werden können und wie diese Sie ihrem Ziel näherbringen. Diesen Abgleich nehmen Sie bitte auch im folgenden Kapitel 5 Meine persönliche Mission vor, da Sie Ihre Stärken gerade auch zum Nutzen anderer einsetzen können und sollten um den gewünschten persönlichen Erfolg erreichen zu können.

Nun viel Spaß beim erkunden Ihrer Möglichkeiten durch Nutzung der SWOT-Analyse.

Ein Beispiel:

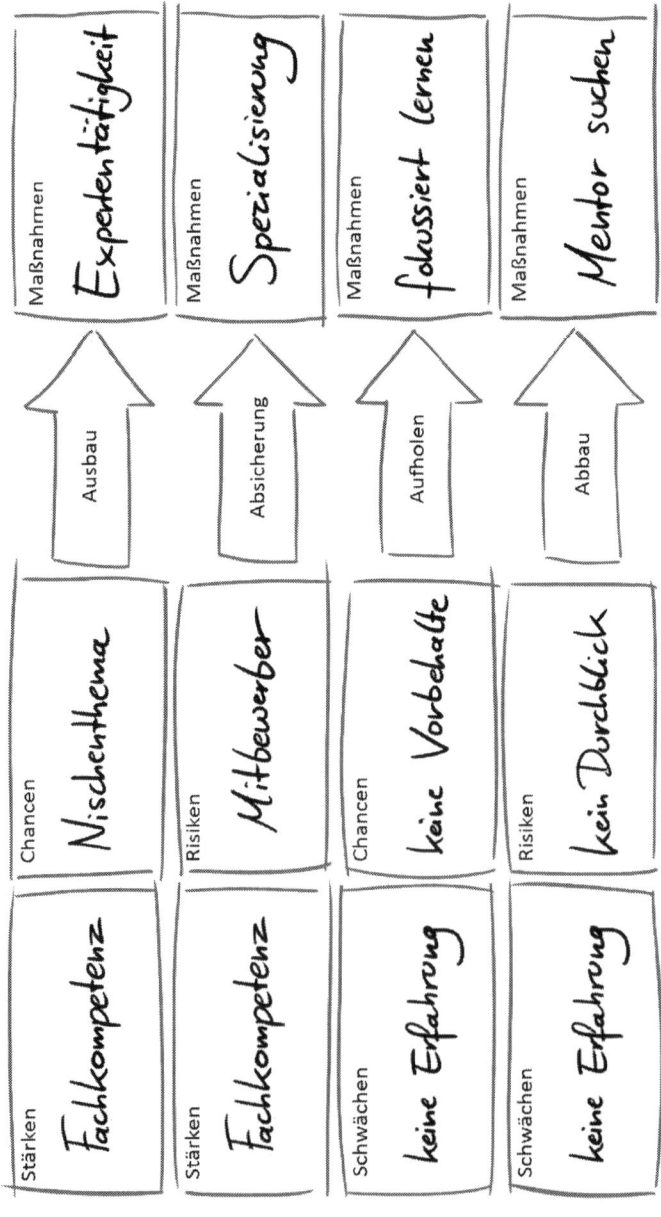

Erstellen Sie nun Ihre persönliche SWOT-Analyse:

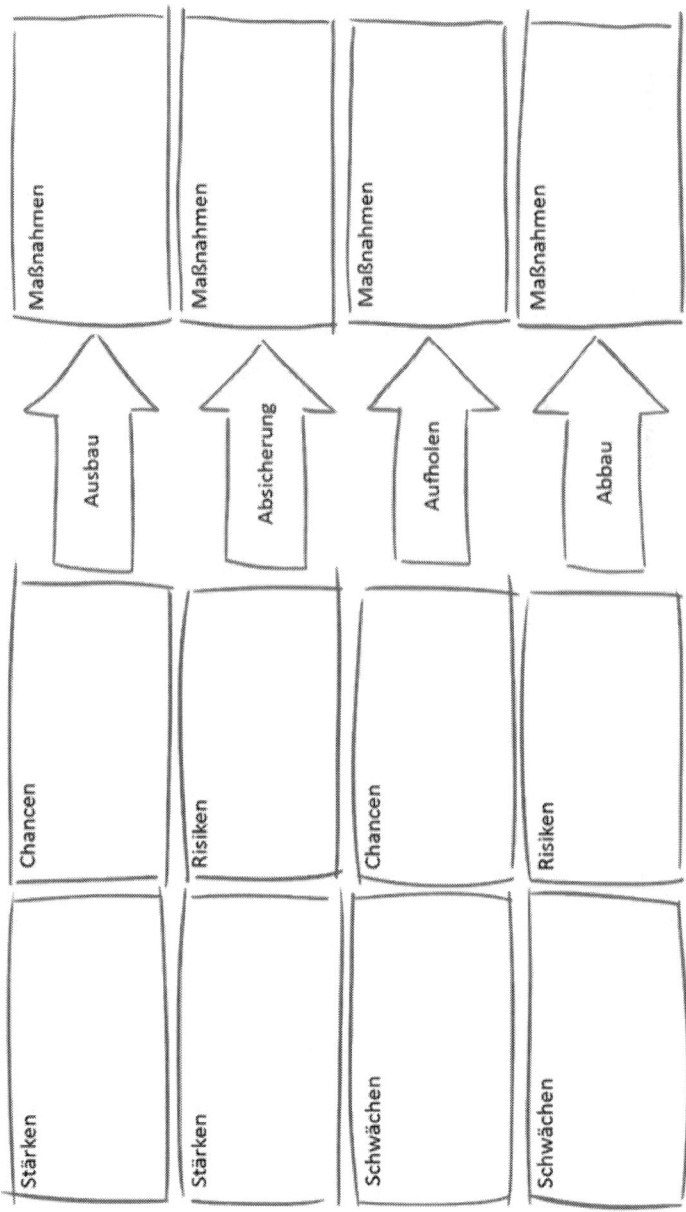

6. Meilenstein - SWOT-Analyse

Prima! Nun haben Sie auch

den nächsten Meilenstein

erarbeitet und kennen

jetzt Ihre höchstpersönliche

Motivation, da Sie Ihre wichtigsten

intrinsischen Motivatoren[8] über die SWOT-Analyse

herausgestellt haben.

Gehen Sie zukünftig nur Ihren Stärken nach und delegieren Sie den Rest!

---

[8] Ihr eigenen Motivationsfaktoren (welche aus sich selbst heraus motivieren)

Kapitel 5 Meine persönliche Mission

Erkenntnisübung: Erkunden Sie *Ihren möglichen Nutzen für andere* aufgrund Ihrer Talente

Welchen Nutzen bewirken Sie für andere Menschen, indem Sie Ihre Talente optimal einsetzen?

_____

_____

_____

_____

_____

_____

_____

_____

_____

_____

_____

Wer hat, insbesondere welche Menschen, haben **welchen Vorteil** durch Ihren Weg und durch Ihre Mission?

_____

_____

_____

_____

_____

_____

_____

_____

_____

_____

_____

_____

_____

_____

Wann, zu welchem Zeitpunkt erlangen und nutzen diese Menschen diesen Vorteil?

_____

_____

_____

_____

_____

_____

_____

Wie und auf welche Weise können andere Menschen diesen Vorteil letztendlich erreichen?

_____

_____

_____

_____

_____

_____

Welchen Aufwand müssen diese Menschen aufbringen, oder welchen Weg müssen diese Menschen gehen, um in den Genuss dieses Vorteils zu gelangen?

_____

_____

_____

_____

_____

_____

_____

Was kann ich anbieten, dass die von mir gewünschte Gegenleistung rechtfertigt oder besser noch übertrifft?

_____

_____

_____

_____

_____

_____

_____

7. Meilenstein - Mission

Machen Sie sich Gedanken über
den Nutzen, statt Gedanken
über den Gewinn! Denken Sie
nun bitte darüber nach,
was Sie für Ihr Gegenüber,
beispielsweise Ihre Mitmenschen
tun können! Hierbei sollte der Nutzen für
Ihre Mitmenschen im Vordergrund stehen, nicht
„was kann ich ihnen verkaufen?"

Somit steht kein Gewinngedanke im Vordergrund, sondern der Nutzen für unsere Mitmenschen. Ihre Fragestellung lautet:

Welche Anders- oder Mehrleistung bekommt mein Mitmensch von mir?

Motto: Geben ist seliger denn nehmen denn:

„Nur wer viel gibt, wird viel erhalten"

Kapitel 6 Meine persönlichen Glaubenssätze

Der berühmte amerikanische Manager Henry Ford hat einmal resümiert:

„Ob Sie glauben, Sie können es, oder ob Sie glauben, Sie können es nicht, Sie werden auf jeden Fall Recht behalten."

Inhalt dieses Zitats ist zum einen, dass das, was wir über uns selbst und die Welt denken, für uns wahr werden wird.

Somit sind wir wieder in der Welt der Gedanken angekommen. Alles was wir uns intensiv vorstellen können, was wir als unsere Meinung und Einstellung so akzeptieren so dass dies zu unserem Glauben wird bedeutet, dass wir unsere eigene Sichtweise auf die Welt selbst erschaffen. Mit anderen Worten, so wie wir denken wird auch unsere Zukunft von uns erschaffen.

Was also sind denn nun Glaubenssätze? Wir wissen, Glaubenssätze beeinflussen unsere Handlungen, unsere Art der Vorgehensweise. Glaubenssätze entstehen durch unsere Bewertung während unseres Heranwachsens durch Eigen- und durch Fremderfahrung und die daraus erwachsende Meinungsbildung.

Diese Meinungsbildung führt zur Überzeugung, zu unserer gefestigten Einstellung den Dingen gegenüber, welche wir verinnerlichen und die zu unserem Glauben wird. Dieser Glauben, also der Zustand wie unsere Sichtweise auf diese Welt ist, bestimmt letztendlich unsere eigene tagtägliche Wahrnehmung und unsere Handlungen und die Sichtweise in unseren Erinnerungen.

Auch unsere Denkmuster werden durch unsere Glaubenssätze geformt und auch wie oft wir uns in welcher Denkebene mit unseren tagtäglichen Gedanken aufhalten.

Es ist somit notwendig, eigene Glaubenssätze zu erkennen, um Veränderungen in unseren tagtäglichen Handlungen herbeiführen zu können. Nur so ist eine erfolgsversprechende Selbstführung möglich, alte unbrauchbare Glaubenssätze überschreibbar, neue zielführende Glaubenssätze implementierbar.

Ich kann nur dann erfolgreich meine Vision durchsetzen, nur dann meinen Weg erfolgreich gehen, wenn mir seitens meines Unterbewusstseins, in dem meine Glaubenssätze programmiert sind, zielführende, fördernde und positive Glaubenssätze meinen erfolgreichen Weg unterstützen.

Im Umkehrschluss können einschränkende oder blockierende Glaubenssätze uns daran hindern, unsere persönlichen Wünsche und Ziele zu erreichen.

Damit ist klar, wenn wir unsere Gedanken und unsere bisherige negative Glaubensstruktur verändern, steht unserer persönlichen Lebensvision nicht mehr viel im Weg. Da wir so die unterstützende Kraft des Unterbewusstseins zum Erreichen unserer Ziele nutzen können!

8. Meilenstein -Glaubenssätze

Wie innen so außen!
Ihre Glaubenssätze erschaffen
in Ihrem Denken entweder
positive Denkimpulse oder
negative Denkimpulse!

Positive Denkimpulse sind von Vorteil, da sie schneller zu einer Entscheidung führen.

Negative Denkimpulse bringen Sie aber nicht weiter, sondern diese blockieren Sie im Hinblick auf Ihr Wollen, Ihre Ziele.

Daher müssen Sie Ihre wirklichen Glaubenssätze herausfinden, um sie dann durch dienliche Glaubenssätze zu ersetzen.

Kapitel 7 Meine Verhaltensänderung

Wenn man mal darüber nachdenkt, es wird behauptet, dass die Veränderung die einzige Konstante im Universum ist! Könnte durchaus stimmen. Grundsätzlich verändern wir uns in jedem Augenblick unseres Lebens. Auch sind wir gerade in unserem Zeitalter mit sehr vielen Veränderungen auf verschiedenen Ebenen konfrontiert, welche auch in unserem Umfeld auf uns zukommen und worauf wir uns neu einstellen müssen.

Einstein sagte einmal, dass wir neue Probleme nicht auf der gleichen Denkebene lösen können, auf der das Problem zutage tritt. Damit wir diese neuen Herausforderungen positiv und erfolgreich für uns nutzen und umsetzen können, müssen wir uns folgerichtig mit einer anderen Denkweise und mit Systematik auf diese Herausforderungen vorbereiten.

Von daher ist es gerade bei der Persönlichkeitsentwicklung und der individuellen Selbstoptimierung enorm wichtig, dass man sich selbst reflektiert. Dies um Ansätze des Verstehens der eigenen Vorgehensweise, insbesondere unserer bisherigen Gewohnheiten zu erkennen.

Daher ist es zunächst angebracht, seine Verhaltensperspektiven zu reflektieren. Nur so kann man leichter verstehen, wie und wieso uns unser sogenannter „innerer Schweinehund" so leicht und so oft besiegen kann.

Außerdem ist dies wichtig, damit wir uns so positionieren können, gerade weil es mit unserer eigenen, intrinsischen Motivation möglich ist, unseren inneren Schweinehund, zunächst einmal temporär, zu besiegen.

Besiegen Sie Ihren „inneren Schweinehund"

durch Verhaltensänderung

Um dann einen nachhaltigen Erfolg herbeiführen zu können, muss eine Methode entwickelt werden, die uns durch ein System oder mit einer neuen Gewohnheit zu Gewinnern macht.

Hierbei ist es wichtig zu beachten, dass die intrinsische Motivation und damit unser Wille am Anfang einer geplanten Verhaltensänderung steht, welche mit der Zeit von einer Gewohnheit abgelöst werden sollte. Dies damit wir nachhaltigen Erfolg generieren können. Wir werden durch das Momentum[9] einer neuen Gewohnheit, welche wir uns geschaffen haben, in die Lage versetzt, dass unser „innerer Schweinehund" nicht immer durch unseren Willen besiegt werden muss. So können wir uns auch Phasen, in denen wir Zweifel an der Umsetzungsfähigkeit unseres Vorhabens haben, durch unsere neue Gewohnheit überwinden, die gewünschte Verhaltensänderung durchzuführen.

Auch können Umsetzungssysteme bei der gewünschten Veränderung zum Erfolg führen. Betreten wir aber zunächst mit dem nächsten Impuls den Bereich der geplanten individuellen Verhaltensänderung.

---

[9] Hiermit ist in diesem Zusammenhang gemeint, dass wenn ich einmal etwas in Bewegung versetzt habe, es weniger Energie bedarf, es in Bewegung zu halten, als wenn ich es immer wieder neu in Bewegung versetzen muss.

> ➤ Impuls 7 „Verhaltensänderung"

Veränderung meiner Persönlichkeit bedeutet zunächst Klarheit im Denken

Zunächst ist es einmal wichtig, Klarheit im Denken herbeizuführen. Zunächst zielt einiges in unserer Persönlichkeitsentwicklung zu erfolgreichen Menschen nicht ohne Grund darauf ab, dass wir Klarheit bekommen.

Klarheit über unser WARUM, Klarheit über unsere Glaubenssätze und Werte sowie Klarheit über unsere Zwischenziele zu unserem individuellen Erfolg!

Bezüglich unseres Weges müssen wir zudem auch Klarheit über die zu erbringende Leistung unsererseits sowie unseres zukünftigen Netzwerks bekommen, wie auch darüber, welchen Preis in Form von Verzicht wir für welches Ziel in Kauf nehmen wollen, ob wir bereit sind, die geforderte Gegenleistung zu erbringen.

Die Klarheit darüber versetzt uns in die Lage, nötige Wegkorrekturen oder sogar Zielkorrektoren umzusetzen. Wir können uns dadurch auf unserem Weg mit dem WIE, demnach mit den notwendigen Handlungsinhalten, beschäftigen!

Schauen wir uns diesbezüglich die einzelnen Phasen zum besseren Verständnis nochmal genauer an.

Diese Phasen dienen der **Erkenntnis**, mit welchen Maßnahmen wir uns in den einzelnen beschriebenen Phasen am besten selbst helfen können, wie wir in diesen Phasen aktiv die Situation für unseren Erfolg nutzen können.

Wie stellt sich die Situation dar und welche Möglichkeiten einer erfolgreichen Bewältigung steht mir zur Verfügung:

Phase 1: Ist-Stand-Sachverhalt: Meine Situation ist nicht zufriedenstellend!

Empfohlene Maßnahme: Erfolgsbaustein Handeln d.h. Sie sollten etwas in Gang setzen, etwas unternehmen, kurz: **Tun**. Zögern Sie nicht zu lange, sondern handeln Sie - im schlimmsten Fall wird es eine Erfahrung! Gewinner verlieren nie, da sie entweder eine weitere Erfahrung auf dem Weg zum persönlichem Ziel sammeln oder sofort gewinnen!

Dies ist die einzige Sicht- bzw. Denkweise die uns zum Erfolg führt. Es gilt den richtigen Weg zur persönlichen Vision ausfindig zu machen!

Erfolgreiche Menschen wenden hierzu oft die 72-Stunden- oder Drei-Tages-Regel an. Das heißt, dass wir, wenn wir etwas verändern wollen, innerhalb von sofort bis 72-Stunden nach unserer Entscheidung damit beginnen sollten. Ansonsten besteht die Gefahr, dass wir es bis zum Sankt-Nimmerleinstag aufschieben werden.

Phase 2: Wunsch-Sachverhalt: Mein Ergebnis soll verbessert werden!

Empfohlene Maßnahme: Erfolgsbaustein Technik d.h. Sie sollten eine andere Technik anwenden! Dies tun Sie bereits mit der Übungsumsetzung in diesem Arbeitsbuch! Sie bauen an Ihrer Persönlichkeitsstruktur durch die Anwendung von für Sie noch nicht benutzen Techniken. Sie bauen sich durch die richtige Anwendungsreihenfolge der Übungen eine andere, für Sie erfolgreichere Technik im Umgang mit Ihrer Wahrnehmung, Ihres Denkens und Ihrer eigenen Persönlichkeit auf. Des Weiteren ändern Sie Ihre Perspektive auf die Dinge in unserer Welt. Ihre Aufmerksamkeit und Ihre Wahrnehmung ändert sich.

Phase 3: Wunsch-Sachverhalt: Ich will Anerkennung und natürliche Autorität besitzen, natürliche Durchsetzungskraft und Charisma!

Empfohlene Maßnahme: Erfolgsbaustein Persönlichkeitsentwicklung, genauer bewusste Persönlichkeitsentwicklung als Erfolgsfaktor. **Verlassen Sie so oft wie möglich Ihre Komfortzone und wechseln in die Wachstumszone.** Nur dort ist Wachstum möglich, dies auch indem Sie gegen die inneren schmerzlichen Gefühle ankämpfen und diese überwinden.

Denn diese kleinen und großen Siege über Ihre bisherigen Gewohnheiten lassen nach und nach Ihre Persönlichkeit wachsen, Sie entfalten so Ihr Potenzial. Werden Sie sich Ihres Potenzials bewusst!

Phase 4: Wunsch-Sachverhalt: Ich will ein glückliches und zufriedenes Leben führen

Empfohlene Maßnahme: Eine erweiterte Weltsicht, blockierende Glaubenssätze austauschen und fördernde Glaubenssätze einsetzen.

Dies gelingt durch eine andere, bewusste Sicht auf die Dinge und durch intensive Beobachtung von uns selbst. Auch hierbei kann es förderlich sein, sein Ziel, seine Vision zu kennen um Wichtiges von Dringendem unterscheiden zu können.

Hinweis: Den Themenbereich Mission, Glaubenssätze und die Feinjustierung der Kleeblatt-Methode werden wir in einem weiteren, folgenden Kapitel gemeinsam erarbeiten.

Phase 5: Wunsch-Sachverhalt: Ich will selbst die eigene Zukunft designen

Empfohlene Maßnahme: eigener Zukunftsdesigner durch Visualisieren Ihrer gewünschten, eigenen möglichen Zukunft. Hierbei ist eine neue Sicht zu entwickeln hinsichtlich der eigenen Person, insbesondere auch über eine eigene, eine klar definierte Lebensvision. Dies ergibt Ihr Big Picture Ihrer möglichen Zukunft. Hier stellt sich auch die Frage, welcher Mensch lebt Ihr Leben in der

Zukunft? Wer muss ich sein, um dieses gewünschte Leben zu leben? Welche Art von Persönlichkeit? Wie muss ich mich entwickeln, um das Leben zu leben, welches ich mir zukünftig wünsche? Was muss ich tun, um dort anzukommen? Auch hierbei kann es förderlich sein, sein Ziel, seine Vision zu kennen um Wichtiges von Dringendem zu unterscheiden und Klarheit im Denken ableiten zu können.

Meine Lebensvision, welche ich für mich entwickeln will, sollte sehr konkret sein, so konkret wie irgend möglich. Hierbei sollten beim Visualisieren meiner Zukunft alle Sinne zum Einsatz kommen, ich sollte es mir vorstellen können, welche positiven Gefühle meine Zukunft mit sich bringt.

Ferner lassen sich dann aus meiner Vision Teilziele, sogenannte Meilensteine, ableiten. So kann ich mich von meiner Lebensvision mit einer Perspektive von beispielsweise zehn Jahren Schritt für Schritt ausgehend vom Ziel über Jahre, Monate und Wochen bis zum heutigen Tag vorarbeiten und Teilziele als Meilensteine festlegen. So weiß ich bestenfalls jeden Tag, was zu tun ist, um das große Ziel, Schritt für Schritt zu erreichen, wie im Beispiel meiner Lebensvision in zehn Jahren.

Des Weiteren habe ich betreffend meiner eigenen Zeiteinteilung so eine Kompassplanung statt einer Uhrplanung aufgebaut, soll heißen, ich gehe meinem Ziel Schritt für Schritt geplant entgegen. Bei einer reinen

Zeitplanung geschieht dies nicht! Hier fehlt der Fokus auf meine Lebensvision.

Die Methode, die durch Vorstellungskraft von Zielbildern schneller zur Zielverwirklichung führt, kennt jeder bereits aus dem Spitzensport. Wer für sich attraktive und konkrete Zukunftsvisionen entwickelt, unterstützt sich durch diese mentale Fixierung des Unterbewusstseins entscheidend zum Erreichen großer Visionen, ferner auch seiner kurz-, insbesondere seiner langfristigen Ziele! Dies auch dadurch, dass es bei Orientierungslosigkeit und bei Hindernissen hilft, auf dem Weg sein Ziel nicht aus den Augen zu verlieren!

Durch diese Betrachtung der verschiedenen aufbauenden Ebenen sollte Ihnen bewusst gemacht werden, dass dies die Grundlage für eine Verhaltensänderung darstellt, da Sie in jeder dieser Ebenen, egal wo Sie gerade ein Problem entdecken, einsteigen können und so bewusst Veränderungen hinsichtlich Ihrer Persönlichkeit herbeiführen können.

Nachdem Sie durch die folgende Selbstreflexionsübung erkennen werden, inwieweit Sie von Ihren Glaubenssätzen in Ihrem bisherigem Leben beeinflusst wurden und welche Entscheidungen dadurch zustande kamen, ist es nun noch einmal wichtig, sich mit Ihrer eigenen Motivation zu beschäftigen.

Insbesondere deswegen um festzustellen und zu erkennen, was wir wollen und was aus Ihren Überzeugungen und Einstellungen für Sie glaubwürdig und damit umsetzbar erscheint. Wie können Sie Ihren Willen somit unterstützen?

Fassen wir einmal zum Themenbereich Wollen oder der eigene Wille zusammen:

Wir müssen für uns selbst Verantwortung übernehmen!

Wer Verantwortung übernimmt, sollte dies immer nur aus eigenen Beweggründen, nur mit eigenem, freiem Willen umsetzten! Fremdbestimmte Beweggründe sollten dabei keinerlei Rolle spielen.

Nur der eigene Weg führt zum Erfolg.

Hierbei ist es Ihre eigene Zielsetzung, Ihre eigene Vision, welche zwischen Sieg oder Untergang entscheidet. Wie entwickele ich nun systematisch einen gestärkten eigenen Willen? Hierzu schauen wir uns folgend einige wichtige Parameter und Schritte an, mit denen ich meine eigene Motivation stärken und meinen Willen unterstützen kann.

Erkenntnisübung: Verhaltensperspektiven reflektieren

1. Grundsätzliche Feststellung: Eigene- oder Fremd-Erfahrungen prägen zunächst unsere Meinung, dann unsere innere Einstellung und die höchstpersönliche Sichtweise auf Dinge, und letztendlich unsere Glaubenssätze, da wir daran „glauben", dass die Welt so ist, wie wir sie „sehen", also einschätzen wie sie sich uns scheinbar darstellt!

Denken Sie nun in Ruhe nach und reflektieren Sie bitte an dieser Stelle eigene Beispiele aus Ihrem Leben:

_____

_____

_____

_____

_____

_____

_____

_____

_____

_____

_____

_____

_____

_____

2. Grundsätzliche Feststellung: Die Bewertung unserer Erfahrungen ist individuell, diese Bewertung resultiert auf unserer bisherigen Sicht auf die Dinge, auf unserer heutigen Einstellung aufbauend auf unserer bisher gemachten und selbst bewerteten Erfahrung.

Denken Sie nun in Ruhe nach und reflektieren Sie bitte an dieser Stelle eigene Beispiele aus Ihrem Leben:

_____

_____

_____

_____

_____

_____

_____

_____

_____

_____

_____

3. Fragestellung hierzu: Welche negativen und positiven Glaubenssätze haben welchen Einfluss auf unser Denken?

Denken Sie nun in Ruhe nach und reflektieren Sie bitte an dieser Stelle eigene Beispiele aus Ihrem Leben:

_____

_____

_____

_____

_____

_____

_____

_____

_____

_____

_____

_____

4. Grundsätzliche Feststellung: Unser Unterbewusstsein reagiert auf der Basis unserer bisherigen Erfahrungen, welche wir im Laufe unseres bisherigen Lebens erfahren haben, sei es durch Weitergabe von Wissen und Erfahrungen welche uns durch unsere Umgebung an uns weitergeben wurde, oder durch selbst gelebte, selbst gemachte Erfahrungen durch die Bewertung unserer Lebensereignisse und Lebenssachverhalte. Unser Unterbewusstsein setzt unsere Entscheidungen aus unserem Bewusstsein ohne zu hinterfragen um, arbeitet permanent und parallel mit den in unserem Unterbewusstsein programmierten Glaubenssätzen!

Denken Sie nun in Ruhe nach und reflektieren Sie bitte an dieser Stelle eigene Beispiele aus Ihrem Leben:

_____

_____

_____

_____

_____

_____

_____

_____

9. Meilenstein - Verhaltensänderung

Verhaltensänderung ist ein
immerwährender Vorgang!

Wir wissen jetzt, das bei einer
geplanten Verhaltensänderung
unser Wille am Anfang steht,
um eine Änderung in Gang zu
setzen, dieser jedoch mit der Zeit von
einer Gewohnheit abgelöst werden sollte.

Und wir haben Fragen zur Selbstreflexion durchgeführt,
um uns in Übereinstimmung mit unserer Vision gezielt
neue Gewohnheiten aneignen zu können.

Kapitel 8 Finale mit Erfolgspitch

„Wenn Sie keine Lebensvision haben, nach der Sie sich sehnen, zu der Sie sich hinarbeiten, die man mit aller Kraft verwirklichen möchte, dann gibt es möglicherweise auch kein Motiv, dass Sie sich anstrengen."

Erich Fromm

Feinjustierung und Zusammenfassung der Kleeblattmethode für den Erfolgspitch

Definition Erfolgspitch: Der Erfolgspitch wurde abgeleitet aus dem amerikanischen „Elevatorpitch":

Der Elevatorpitch steht für eine Methode, in der eine kurze Zusammenfassung einer Idee präsentiert wird, dies mit einem kurzen Zeitfenster wie beispielsweise während einer Aufzugfahrt. Hierbei wird der ausgewählte Gesprächspartner von dem Wert einer Idee überzeugt.

Der daraus abgeleitete Erfolgspitch steht für eine kurze Beschreibung hinsichtlich Ihrer Vorstellungen gegenüber Dritten, (oder Sie üben allein zu Hause vor einem Spiegel) hier hinsichtlich Ihrer Vorstellung bezüglich Ihrer Persönlichkeit und Ihrer Mission.

Eine nunmehr mit den Kenntnissen aus den vorangegangenen Übungen veränderte eigene Sicht auf die Dinge soll die erste Ausfertigung Ihrer Vision im Rahmen der von Ihnen angefertigten Kleeblattmethode nochmals ergänzen und verbessern. Diese wird nun konkreter ausfallen, da Sie sich Ihrer selbst bewusster geworden sind, Sie nun wissen wer Sie sind, und wohin Sie wollen.

Diese nun folgende Feinjustierung der Kleeblattmethode für den Erfolgs-Pitch bedeutet für Sie, dass Sie damit zunächst einmal eine schriftliche feinjustierte **Verpflichtung für Ihre Zukunft** erarbeiten und gleichzeitig Ihren Erfolgs-Pitch vorbereiten.

Dieser basiert auf Ihrer bereits vorab erarbeiteten 4er-Kleeblatt-Methode, die Sie hier nun nochmals verfeinern und hinsichtlich Ihrer Lebensvision noch mehr konkretisieren können.

Nun komplettieren Sie bitte Ihre Ergebnisse der Impulsübungen indem Sie die folgende Kleeblattübung / Vision vervollständigen und jetzt, bitte in kurzer Ausdrucksweise, nochmals schriftlich final fixieren:

1 Kleeblattmethode - Lebensbereich: **Leben/Lieben** *meine zukünftige Lebensumgebung (Menschen, Orte, Tagesablauf etc.)*

_____

_____

_____

_____

_____

_____

_____

_____

_____

_____

_____

_____

_____

*2 Kleeblattmethode – Lebensbereich: **Besitz / Haben**; mein zukünftiger Besitz (Immobilien, Konto-Stand, Dinge etc.).*

_____

_____

_____

_____

_____

_____

_____

_____

_____

_____

_____

_____

_____

_____

3 Kleeblattmethode – Lebensbereich: **Lernen / Kompetenz**
(Welches Wissen muss ich mir primär zum Erreichen
meiner Vision aneignen? Was will ich darüber hinaus
wissen, was interessiert mich brennend?)

_____

_____

_____

_____

_____

_____

_____

_____

_____

_____

_____

_____

4 Kleeblattmethode – Lebensbereich: **Legende / Nachlass**
Was will ich weitergeben, welchen Nutzen für Dritte? Was will ich schaffen, was auch nach meinem Tod weiterbesteht?

_____

_____

_____

_____

_____

_____

_____

_____

_____

_____

_____

> ➤ Impuls 8 „Mein individueller Erfolgspitch"

Erkenntnisübung: Mein Erfolgspitch

Der Erfolgspitch sollte kurz (30 Sekunden bis 3 Minuten) und prägnant sein.

Bitte auch hier folgende Reihenfolge beim Aufbau dieses Erfolgs-Statements einhalten:

Zunächst die Vorgabe der **Vorgehensweise**:

1. Aufmerksamkeit erzeugen
2. Interesse wecken
3. Verlangen auslösen
4. Handlungen hervorrufen

Folgende **Inhalte** sollten in Ihren Erfolgspitch eingefügt werden:

Wer sind Sie?

Was können Sie?

Was bringen Sie für einen Nutzen für andere Menschen?

Was wollen Sie?

Was sollte Ihr Gegenüber/Mitmensch jetzt tun? Wie kann ihnen Ihr Gegenüber/Mitmensch weiterhelfen?

Mein persönlicher Erfolgspitch:

Jetzt können Sie sich mit dem Erfolgspitch gegenüber fremden Dritten kurz und einprägend vorstellen.

Dadurch verpflichten Sie sich selbst gegenüber Ihrer Lebensvision. Tun Sie dies bitte unbedingt immer wieder schriftlich! Damit bleiben Sie auf dem richtigen Kurs. Verpflichten Sie sich konkret gegenüber sich selbst!

Kontrollieren Sie in regelmäßigen Abständen, ob Ihre gewünschte Richtung stimmt.

Bedenken Sie, dass Sie bereits beim Schreiben Ihr Unterbewusstsein mit dieser Verpflichtung gedanklich in Ihre Zielrichtung programmieren.

10. Finaler Meilenstein!

Glückwunsch! Sie haben einen

Grund zum Feiern!

Sie haben es geschafft

und Ihre Persönlichkeitsstruktur eruiert.

Damit haben Sie Ihr primäres Ziel in diesem Buch erreicht!

Sie wissen jetzt genau welche Fähigkeiten und Fertigkeiten Sie besitzen. Sie wissen damit auch, welche Tätigkeiten Sie in Zukunft delegieren werden.

Sie kennen Ihre Vision und Ihre erfolgreiche Zukunft wird so planbar und sichtbar.

Sie kennen Ihre Mission, und wissen nun, mit welchem Nutzen Sie andere bereichern können.

Sie kennen Ihre Werte und können durch gezielte Änderung Ihre Handlungsweise ändern.

Sie haben für Präsentationssituationen sofort Ihren Erfolgspitch, Ihr Erfolgsstatement, präsent.

Sie haben Klarheit hinsichtlich Ihrer Zukunft und Orientierung gewonnen.

Sie sind nun bereit, bewusst Ihr Persönlichkeitswachstum mit System voranzutreiben!

Kapitel ON TOP – Wachstum durch Umsetzung

Grundsätzlich relevante Wachstumstipps und -turbos für unsere Bereiche in der Persönlichkeitsentwicklung zur Auswahl:

Wachstumstreiber 1: Mentor und Netzwerk

Grundsätzlich gilt, dass ein Mentor versucht, den Mentee in seiner persönlichen und geistigen Entwicklung zu fördern und dessen Potenzial freizusetzen.

Ein Mentor ist dann als ein guter und fähiger Mentor anzusehen, wenn er auf dem Gebiet, in welchem er den Mentee unterstützt, soll heißen ihn fordert und fördert, bereits genau das in seinem Leben erreicht hat, was der Mentee in dem Bereich noch erreichen will.

Auch wird der Mentor seinen Mentee immer nur positiv beeinflussen, so dass dieser sein Potential auch entdeckt und letztendlich voll entfalten kann.

Um optimal zu wachsen, macht es Sinn, die Erfahrung eines Mentors zu nutzen.

Oft werden Mentoren durch unsere guten Leistungen und durch unsere Einstellung auf uns aufmerksam. Sie erkennen unsere Förderungsfähigkeit durch unsere Handlungen, in denen sich unsere Fähigkeiten widerspiegeln und erkennen so, für welche Fertigkeiten wir in Frage kommen!

Anders betrachtet sollten wir selbst immer nur dann einen Mentor für uns anerkennen, der ein Vorbild für uns darstellt und dessen Worte auf eigener Erfahrung beruhen. Er sollte bereits das erreicht und erfahren haben, was ich selbst erreichen will, oder ein Vielfaches davon!

Einer meiner Mentoren sagte dazu einmal, dass der Mentor mit seiner Leistung und seinen Erfolgen sogar ein Vielfaches über meinem derzeitigen Zielfokus stehen sollte, damit wir mehr erreichen, als wir es uns derzeit überhaupt zutrauen oder vorstellen können.

Mentoren kann man aber auch durch die Gründung oder den Ausbau eines geschäftlichen Netzwerks finden, da sich in einem guten Netzwerk immer diejenigen wiederfinden werden, die Experte in Ihren jeweiligen Bereich sind.

Im Übrigen wird es immer so sein, dass ein Mentor ein Mensch ist, der sich wie jemand verhält, der Ihre Talente auch tatsächlich fördern will.

Das heißt, dass Sie Ihren Mentor immer an seinen Taten erkennen werden. Keiner sollte jemanden fragen, ob derjenige sein Mentor sein will. Ein Mentor wird immer nur denjenigen fördern, bei dem er entsprechende Talente auch sieht, welche er gerne fördern würde.

Was hierbei zählt, ist rechtzeitig diese Verhaltensanzeichen beim potenziellen Förderer zu erkennen und sich dann die gewünschte Beziehung zu seinem Mentor bewusst und richtig auf einer menschlichen Vertrauensbasis aufzubauen.

Denken Sie immer daran, ein Mentor möchte etwas weitergeben, will Freude am Mentoring erleben, aber keinen Zwang!

Verwechseln Sie einen Mentor jedoch nicht mit einem Coach! Ein Coach ist Ihre temporär begrenzte Unterstützung, wobei die Verbindung meist nur auf geschäftlicher Basis basiert.

Ein Mentor hingegen bedeutet oft eine langfristige Beziehung, dies sowohl auf geschäftlicher, insbesondere funktionierend aber nur auch einer sehr persönlichen Ebene. Dies beinhaltet, dass der Mentor Ihnen auch einen Spiegel vorhält und Sie bewusst und auch durchaus kritisch hinterfragt.

Einem erfahrenen Mentor wird aufgrund seiner Persönlichkeitsstruktur völlig klar sein, dass er nur durch den Prozess der Reflexion eine Weiterentwicklung beim Mentee bewirken kann.

Von daher muss sich der Mentee von vorneherein klar darüber sein, dass er sich auch mit der Kritik des Mentors auseinandersetzen muss, da nur durch diesen Prozess die gewünschte Weiterentwicklung zu den persönlichen Zielen optimal herbeigeführt werden kann.

Der Mentor fungiert hierbei wie ein Ereignis- und Ergebnisbeschleuniger hinsichtlich Ihrer verpflichtend erklärten Vision und Ihrer dazu benötigten Persönlichkeitsentwicklung, da Sie durch ihn inspiriert werden und in schwierigen Situationen und bei schwierigen Entscheidungen von seiner Erfahrung profitieren können.

Wichtig! Danken und informieren Sie Ihren Mentor, wenn Sie das Erfahrungswissen Ihres Mentors für sich oder für beide umsetzen. Davon profitieren beide Seiten nachhaltig!

Des Weiteren bringen auch Sie Ihrem Mentor einen Nutzen. Überlegen Sie unbedingt, wie und womit Sie ihm einen *unentgeltlichen* Nutzen bringen können, damit es tatsächlich auch ein Win-Win-Verhältnis wird.

Immer an Win-Win-Verhältnis denken und danach handeln! Dann werden Sie viel Erfahrungswissen seitens Ihres Mentors bekommen, da die interessanten Sachverhalte, das interessante Insiderwissen immer erst nach einer bestimmten Zeit zur Sprache kommen, wenn das Vertrauensverhältnis und Ihr Wachstum eine bestimmte Marke, ein bestimmtes individuelles Vertrauenslevel erreicht haben. Haben auch Sie Geduld und nehmen Sie sich Zeit!

Beachten Sie, dass auch ein Mentor für die Einschätzung Ihrer Person hinsichtlich Ihrer Denkstruktur, Ihrer Denkebene Zeit braucht.

Ferner auch deshalb, da er auch einschätzen muss, ob Sie es wert sind ist, dass er seinen Erfahrungsschatz mit Ihnen teilt und ob Sie die geforderten Talente besitzen, die zur Umsetzung Ihrer Lebensvision benötigt werden.

Wachstumstreiber 2: Investor

Investor werden heißt, in die eigene Zukunft richtig zu investieren.

Somit muss ich zum einen den Faktor Zeit nicht gegen Geld eintauschen, sondern Leistung gegen Geld! Ferner macht Erwerbsarbeit grundsätzlich nicht reich! Investoren hingegen werden zwangsläufig reich durch nachvollziehbare, multiplizierbare Systeme! Hierbei hilft heutzutage auch das Internet mit der guten Erreichbarkeit meiner Zielgruppe gut weiter. Investitionen in eine eigene Website sind recht preisgünstig und gerade für den Start-Up Unternehmer sehr gut geeignet um sein Business aufzubauen.

Ideen und Notizen zum Thema Investor:

_____

_____

_____

_____

_____

_____

_____

Wachstumstreiber 3: Einkommensproduzierende Handlungen

Fragen Sie sich immer, ob das, was Sie gerade tun eine einkommensproduzierende Handlung ist oder nicht.

„Je mehr einkommensproduzierende Handlungen Sie vornehmen,

desto mehr Einkommen können Sie generieren!"

Entwickeln Sie Klarheit in Bezug auf Ihre Vision, berücksichtigen Sie einkommensproduzierende Handlungen vor allen anderen Handlungen in Ihrem Zeitplan und räumen Sie diesen entsprechen Vorrang ein. Setzen Sie klare Prioritäten bei Ihrer täglichen Vorgehensweise, damit klare Ergebnisse in Richtung Ihrer individuellen Ziele generiert werden und Ihre Zeit so noch optimaler genutzt werden kann.

Auf einkommensproduzierende Handlungen an jedem Tag fokussieren, klar und konkret und zeitbewusst mit Kompassmethode positionieren!

Wachstumstreiber 4: Spezialist

Wenn wir unbeirrt und intensiv an unserem Ziel arbeiten, verändern wir uns positiv, da wir an jeder Aufgabe, an jedem Problem, welches wir auf dem Weg zu unserem Ziel lösen unsere Persönlichkeit entfalten, unsere Persönlichkeit somit daran wächst! (Meilensteine der Hindernisse, Chancengeber)

Hierzu zählt, dass wir effektiv und effizient unsere Aufgaben erledigen.

Anders ausgedrückt, dass wir an den richtigen Aufgaben arbeiten und diese richtig erledigen.

Stellen Sie über sich ein Alleinstellungsmerkmal (für Dritte) heraus, so zum Beispiel Ihr Auftreten als Experte oder als Fachfrau / Fachmann, als Fachkundiger, etc.[10]

„Du musst Experte sein, dann kommen die Menschen mit ihren Problemen zu Dir."

Wir müssen für andere eine positive Umgebung schaffen, damit die Menschen ihre Hemmschwelle vergessen und wir müssen unvoreingenommen gegenüber allem Neuen sein, dies mit der richtigen, schöpferisch denkenden Einstellung!

---

[10] Wie das geht? Siehe unter Wachstumsphase 8 richtig Positionieren auf den folgenden Seiten!

Wachstumstreiber 5: Verkaufen

Ich muss Begeisterung für meinen Wunsch entwickeln, Begeisterung haben und ausstrahlen, damit der Funke überspringen kann! Dazu gehört bedingungsloses Vertrauen in meine Fähigkeiten und ein Motto wie: „GNA", ein „Gib niemals auf", zum Erreichen meiner Ziele.

Es muss Ihr brennender Wunsch sein, mit Vertrauen und Beharrlichkeit auf Ihr konkretes Ziel gerichtet! Fast alle erfolgreichen Menschen gehören zur Gruppe der Verkäufer.

Um Ihre Ziele optimal umsetzen zu können, sollten Sie lernen, gut verkaufen zu können. Hierzu ist primär wichtig, dass Sie in Ihrer rhetorischen Ausdrucksweise sowie in Ihrer Körpersprache authentisch sind. Lernen Sie unbedingt verkaufen!

Wachstumstreiber 6: richtig Lernen

Hierzu gilt: Die *richtigen* Bücher richtig lesen! Lebenslanges Lernen bedeutet auch, dass wir uns bestenfalls fokussiert auf die vor uns liegenden Ziele und die damit zusammenhängenden Anforderungen vorbereiten. Das erreichen wir, indem wir uns mit dem Recherchieren und mit dem Aneignen des hierzu benötigten Wissens beschäftigen!

Tipp dazu vorab: Werden Sie auch Schnellleser!
Schnellleser sein d.h. *Bücher oder Seminare für Schnellleser sind sinnvoll, um mehr Informationen in kürzerer Zeit sinnvoll aufzunehmen! Hierzu wird nur eine Technik erlernt!*

Motto zum Thema Lernen: Bauen Sie Kompetenzen auf, die für Sie förderlich sind auf dem Weg zu Ihrer höchstpersönlichen Vision! Alles andere ist Ablenkung oder sind Ausreden!

Wachstumstreiber 7: richtig Positionieren

Vorgehensweise für Ihre Leistungsempfänger – Positionierung:

1. Problem eruieren: Ermitteln Sie, welches das wichtigste Problem des Empfängers Ihrer Leistung ist, somit das **Ihrer** zukünftigen potenziellen Leistungsempfänger! Konkretisieren Sie das Problem so genau wie möglich, damit Sie eine konkrete Lösung erarbeiten können.

2. Lösung erarbeiten: Fragen Sie sich danach, wie Sie dieses Problem Ihres potenziellen Leistungsempfängers lösen können! Als nächstes fragen Sie sich, mit welcher Herangehensweise und mit welcher Methode Sie das Problem Ihres denkbaren Leistungsempfängers lösen wollen!

3. <u>Methode konkretisieren:</u> Konkretisieren Sie Ihre Methode, welches zur Problemlösung führen soll. Definieren Sie außerdem, aus **welchen Bestandteilen** sich Ihre Methode zusammensetzt und wie Sie es schriftlich und mündlich klar und nachvollziehbar kommunizieren wollen!

4. <u>Angebot formulieren:</u> Formulieren Sie, welchen **konkreten Nutzen** Ihr Leistungsempfänger von Ihrem Angebot hat! (bitte schriftlich beschreiben!)

5. <u>Nutzen hinterfragen:</u> Hinterfragen Sie ferner auf der nächsten Ebene, welchen weiteren, **tieferen Nutzen** hat Ihr Leistungsempfänger davon? (bitte schriftlich beschreiben!)

6. <u>Grundbedürfnis erkunden:</u> Jetzt vertiefen Sie es noch mehr und fragen wiederholt: Welchen Nutzen hat mein Leistungsempfänger wiederrum aus dem vorliegenden Frageergebnis? Was konkret hat dieser davon, welches Grundbedürfnis wird dadurch befriedigt? (bitte schriftlich beschreiben!)

Dann erst haben Sie erreicht, dass Sie nun den **tatsächlichen Grund** und damit das Grundbedürfnis Ihres Leistungsempfängers vorliegen haben.

Erst dann haben Sie die Möglichkeit ermittelt, wie Sie sich optimal am Markt positionieren können, den bestmöglichen Nutzen für Ihren Leistungsempfänger erkannt zu haben!

Wachstumstreiber 8: eigener Wille

Zusammengefasst einige wichtige Parameter und Schritte zum Faktor „eigener Wille".

Willensunterstützung durch die eigene Vision

Es sollte Ihre eigene, höchstpersönliche Vision sein, es sollten Ihre eigenen Ziele sein, welche Sie selbst festgelegt haben!

Ohne den Einfluss von Dritten! Nur so ist es möglich, langfristig eine nachhaltige, intrinsische Begeisterung aufzubauen, damit Hindernisse auf dem Weg zum Ziel überwunden werden können. Bauen Sie so auch Vorfreude auf!

Unterteilen Sie in die Bereiche „wo will ich Schmerz vermeiden" und „wo will ich Freude erleben?"

Bleiben Sie in der höchsten Denkebene, der kreativen und schöpferischen Denkebene! Bauen Sie sich einen festen Glauben so auf, dass Sie Ihre Vision erreichen werden. Vergessen Sie nicht, Ihre eigenen Gefühle so in Ihre Vision einzubauen, dass Sie bereits jetzt versuchen, so zu fühlen, wie es sich anfühlen wird, sobald Sie Ihr Ziel erreicht haben: Wie also werden Sie fühlen, wie wird es riechen und schmecken, wie wird es aussehen, wie wird es sich anhören, wenn Sie Ihr Ziel erreicht haben? Alle Sinne ansprechen und einsetzen!

Machen Sie es sich zur Gewohnheit, Ihre langfristigen Ziele täglich, also regelmäßig vor Ihrem geistigen Auge mit allen Sinnen zu visualisieren. Setzen Sie sich Zwischenziele, Meilensteine an denen Sie erkennen, dass Sie weiterkommen und sich Ihrer Vision annähern. Damit Sie Ihre Richtung nicht aus den Augen verlieren empfiehlt es sich, diese mit Tages-Wochen-, Monats-, Quartals-, und Sachzielen festzuschreiben sowie Marketingziele, Kontaktziele, Argumentationsziele etc. laufend im Fokus zu behalten.

Dabei wird durch ständige Verifizierung oder Falsifizierung[11] der eingehaltenen Handlungsrichtung, unserem Handlungskorridor, regelmäßig die Zieleinhaltung geprüft.

Zwar werden Sie so nicht alles unter Kontrolle haben, jedoch ist Ihre Richtung wie beim Fahren Ihres Autos laufend den aktuellen Gegebenheiten anpassbar.

Zusätzlich dazu reflektieren Sie sich am besten auch regelmäßig schriftlich, indem Sie Ihre Erfolge und Durchbrüche sowie Ihre Misserfolge und Fehlschläge notieren und daraus für Ihre Zukunft Schlüsse ziehen für Ihre weitere Vorgehensweise. Devise: Jeden Tag werde ich ein kleines Stück besser! So gelingt eine Entfaltung meiner Persönlichkeit durch ständige Selbstreflexion!

---

[11] Somit die Klarstellung, ob es sich durch Überprüfung herausstellt, ob es richtig oder falsch ist.

Willensunterstützung durch Klarheit

Klarheit sollte herrschen hinsichtlich des Aufwands auf dem Weg zu meiner Vision über eine Festlegung des Preis-Leistungsverhältnisses:

Legen Sie den Preis für Ihr Ziel fest: Was müssen Sie tun, auf was müssen Sie verzichten, um Ihr Ziel zu erreichen? Wozu sind Sie bereit? Treffen Sie dann eine bewusste, schnelle und schriftlich fixierte Entscheidung, damit Sie Ihren Willen nun zur Durchsetzung Ihrer Vision sofort beim Start einbringen können!

Motto: „Alles was von Ihnen genommen wird, muss auch (vorher) von Ihnen gegeben werden." (Leistung vs. Gegenleistung)

Willensunterstützung durch Konzentration

Optimale Konzentration geht nur, wenn ich mein Ziel, meine Vision genau kenne! Konzentration bitte immer nur auf einen Sachverhalt, den Fokus auf das nächste nötige Teilziel richten!

Konzentration auf das Hier und Jetzt ist wichtig!

Nicht alles auf einmal, sondern eins nach dem anderen - sogenannte „Step-by-Step"- Die Methode „Step-by-Step" bedeutet, sich immer nur auf ein Vorhaben nach dem anderen zu konzentrieren, um es zu realisieren! Sie werden sehen, dass dies deutlich schnellere und bessere Ergebnisse bringt!

Konzentration bedeutet nicht zerstreuen, sondern fokussieren! Wie bei der Anwendung der „Step-by-Step"-Methode. Einen Schritt nach dem anderen ist nun mal besser als alles auf einmal. Multitasking bringt Sie nicht ans Ziel.

Wie sagte schon Bismarck? "Wer mehrere Hasen jagt, fängt letztlich keinen"

Ohne Ziel und Inhalt ist keine Konzentration möglich!

Eruieren Sie: Was bringt mich meinem Ziel näher? Was kann mich von meinem Ziel abhalten? Beispielsweise innere Widerstände, wie z.B. Glaubenssätze, Gewohnheiten, oder äußere Hindernisse, wie z.B. Marktlage, Konkurrenz, Mitarbeiter etc..

Aufmerksamkeit ist hierbei gefordert!

Daher müssen Sie immer Ihre Zerstreuung und Ablenkung im Blick haben! Jede Ablenkung, jede Zerstreuung bedeutet ein Abschweifen von unserem Ziel! Ablenkungen bringen uns vom Kurs ab. Wenn wir uns mehr konzentrieren und handeln, dann erreichen wir unser selbst gestecktes Ziel früher. Zeitfresser folgerichtig unbedingt abbauen!

Dem Gegenüber müssen wir zu unserem Nutzen Routinen aufbauen.

Beispiele: E-Mails nur an drei festgesetzten Zeiten am Tag lesen, morgens, mittags, abends. Das schafft Freiräume im Kopf! Oder morgendliche und abendliche Routine aufbauen, wie beispielsweise Meditieren, ToDo-Liste für den Tag erstellen, Wichtiges und Dringliches erfassen und unterscheiden; Traumalbum aufbauen zum besseren visualisieren, um das große Ziel immer vor Augen zu haben!

Willensunterstützung durch Fokussierung meiner Person

Persönlichkeit: Dieser wesentliche Faktor auf dem Weg zur persönlichen und auch finanziellen Unabhängigkeit wirkt unmittelbar auf andere Menschen.

Fokussierung auf die äußere Haltung/Einstellung heißt: Es ist Ihre bewusste äußere Haltung, die Ihre Umwelt entweder so oder anders reagieren lässt. Ihre Handlungsfelder: Optik, Körpersprache, etc.

Fokus auf die innere Haltung/Einstellung heißt das gleiches für die innere Haltung gilt. Beispielsweise beim Thema Selbstvertrauen. Selbstvertrauen ist eine sehr wichtige Eigenschaft und innere Einstellung, da diese die Basis für jedes erfolgreiche Handeln darstellt. Wenn Sie sich nicht vertrauen, wenn Sie sich selbst schon nichts zutrauen, warum sollte es ein anderer tun?

Fokus auf Werte und Handlungen: Für Dritte ist Verlässlichkeit die Vorstufe von Vertraulichkeit, von Vertrauen. Denn wenn wir feststellen, dass da jemand ist, der genau das tut was er sagt, können Dritte diese Person besser einschätzen, was wiederum zur Vertraulichkeit und im Endeffekt zu Vertrauen führt.[12]

Fokus auf Persönlichkeitsfeedback: Wichtig ist selbstverständlich auch, dass ich mich regelmäßig reflektiere und meine Wirkung auf andere Menschen beobachte! Dazu gehört auch, dass ich mir auch regelmäßig Feedback von Dritten einhole. Dies ist wichtig für die Korrektur hinsichtlich der eigenen Persönlichkeitsentwicklung, damit ich diese steuern kann. Den nur dann, wenn ich um meine Wirkung weiß, kann ich mich hinsichtlich meiner Denkmuster und Verhaltensweisen selbst lenken und weiterentwickeln.

Fokus auf Selbstoptimierung: Entwickeln Sie Ausstrahlung, entwickeln Sie Charisma! Entscheiden Sie sich bewusst für eine positive Champions-, Geistes- und Körperhaltung!

Willensunterstützung durch eine Prioritätenliste

Damit Sie Ihre Prioritäten eruieren können sollten Sie zunächst für sich eine Liste erstellen, so dass Sie eine Entscheidung treffen können, was Sie TUN wollen.

Damit wird auch konkret klar, WAS Sie sich als Ziel gesetzt haben. Nachdem Sie jetzt Ihr nötiges Handlungsfeld kennen, können Sie nun die einzelnen Maßnahmen

---

[12] Motto: Authentisch agieren!

ableiten. Sie wissen nun auch, was Ihnen dabei hilft, Ihr Ziel zu erreichen.

Damit entsteht die nötige Konzentration auf die notwendigen Ziele! Ablenkungen werden besser sichtbar und können nun bewusst zurückgestellt werden.

Willensunterstützung durch sofortige Anwendung

Starten! TUN! Anwenden ohne einen Zweifel, dass ich mein Ziel nicht erreichen könnte.[13] Denn es liegt nur bei mir und wenn ich starte, dann bewege ich mich auf mein Ziel zu. Starte ich nicht, passiert eins garantiert: Nichts!

Direktes Starten und Handeln heißt somit, dass Sie Ihre Gedanken nun in die Wirklichkeit umwandeln und eine Außenwirkung erzielen. Hiermit befinden sich Ihre Gedanken in der Realität und erzeugen Reaktionen in Ihrer Umwelt. Ihr Einsatz ist somit „im Spiel". Bringen Sie Ihren Willen in die Realität! Seien Sie „Macher" statt „Unterlasser"! Entscheiden Sie aktiv und handeln Sie sofort. Eine Methode hierzu: die 72-Stunden-Regel beachten.[14] Ferner nicht fragen „ob" es geht, sondern „wie" es geht.[15]

---

[13] Motto: Hilf Dir selbst, dann hilft Dir Gott
[14] Motto der Drei Tages oder 72-Stunden-Regel: Was du nicht in drei Tagen anfängst, schiebst du automatisch auf die lange Bank! Also sobald mein Ziel feststeht und konkret schriftlich formuliert ist sofort beginnen, wenn möglich innerhalb von 72 Stunden!
[15] Mit dem „Wie" werden automatisch Lösungen gesucht!

1. On Top Meilenstein - eigener Wille

Sie haben nun auch noch

willensunterstützende Tools

kennen gelernt, die Ihnen

bei der Umsetzung Ihres Vorhabens

hilfreich sein können.

Eignen Sie sich diese Eigenschaften und Hilfestellungen an, indem Sie jeden Tag je ein Tool umsetzen.

Das solange und revolvierend, bis diese Tools in Ihrem Unterbewusstsein so programmiert sind, dass diese unbewusst ablaufen und für Sie erkennbar zur Gewohnheit geworden sind.

Motto hierzu: Wiederholung macht den Meister!

Wachstumstreiber 9 Durchhalten
„Gib-niemals-auf – Methode"

Hindernisse stellen Meilensteine auf dem Weg zu Ihrem Erfolg dar und gehören auch dazu.

Hindernisse sind dazu da, sie entweder aus dem Weg zu räumen oder auszuweichen und sich einen anderen Weg zu suchen.

Daher ist es wichtig, dass Sie Ihre persönliche Einstellung suchen und finden, um mit diesen Erfahrungsphasen umzugehen. Zeigen Sie Biss! Arbeiten Sie an Ihrer intrinsischen Motivation durch systematischen Motivationsaufbau, welcher auch in Krisenzeiten dazu verhilft, wieder durchzustarten! Dies durch den Aufbau Ihrer Lebensvision, Ihres Big Picture!

Veröffentlichen Sie Ihr Vorhaben!

Teilen Sie Dritten Ihr Vorhaben mit! Dann gibt es kein Zurück. Die Frage ist dann nicht mehr *ob* Sie Ihr Projekt erfolgreich abschließen, sondern Sie beschäftigen sich nur noch mit dem *Wie*.

Persönliche Meisterschaft!

Persönliche Meisterschaft heißt für Sie, dass sie nicht nur nicht aufgeben, sobald sich Hindernisse in den Weg stellen, sondern dass Sie für sich auf diesem Weg einen Masterplan mit Masterkey und Eigenschaften wie „Dranbleiben" entwickeln, auch Beharrlichkeit oder Disziplin genannt, was Ihnen und Ihrer Umgebung ein erfolgreich gelebtes Leben bescheren wird.

Nur mit diesen Erfahrungen auf Ihrem Weg zum Ziel, hin zu Ihrer Vision, werden Sie zu der Persönlichkeit welche Sie sein müssen, um Ihre zukünftigen Lebensinhalte wahr werden zu lassen.

Und um sich zu der Person, zu dem Menschen zu entwickeln, welcher dann auch Ihre Träume von heute zukünftig leben kann.

Wachstumstreiber 10 Zeit (Effizient)
Nutzen Sie Ihre Zeit richtig, indem Sie groß denken

> **„Es braucht die gleiche Zeit, ob ich über 500 Euro oder über 50.000 Euro Einnahmen nachdenke!"**

Nutzen Sie Ihre Zeit richtig, indem Sie langfristig denken

Langfristiges Denken entwickeln heißt, sich bewusst zu sein, dass man oft überschätzt, was man zum Beispiel in einem Jahr erreichen kann und meist unterschätzt, was man in 5 oder 10 Jahren erreichen kann. Champions sind sich bewusst, dass wir eine langfristige Entwicklung brauchen, um große Ziele umzusetzen. Daher geben Sie niemals auf, ganz gleich welche Hindernisse Sie überwinden oder aus dem Weg schaffen müssen!

Nutzen Sie Ihre Zeit, indem Sie fokussiert denken

Konzentration auf Ihr Ziel und Ausblenden von Ablenkungen.

Lesen und lernen Sie aus Selbst- und Zeitmanagementbüchern, die sich mit zielgerichteter Zeitplanung (Kompass- oder Richtungsplanung) beschäftigen.

> ➢ Impuls „Erfahrung ist entweder Lernen oder gewinnen!"

Erkenntnisübung: Kein Scheitern möglich

Diese Übung dient dazu, dass Sie sich über Ihre Denkweise, Ihre Sicht auf die Dinge klarer werden. Bin ich ein Zweifler? Fange ich deshalb das eine oder andere Projekte nicht an? Traue ich mir aufgrund meiner Erfahrungen das eine oder andere nicht zu? Könnte es auch anders sein als ich es mir vorstelle? Habe ich mehr Chancen mit einer anderen Sichtweise, mit einer anderen Herangehensweise?

Die Übung „Kein Scheitern möglich!" soll Ihnen dies vor Augen führen. Nehmen wir einmal an eine Fee würde Ihnen heute dazu verhelfen, dass nichts was sie machen wollen schiefgehen kann. Was würden Sie tun, wenn Sie es genau wüssten, dass nichts schiefgehen kann? Wenn Sie alle Ressourcen zur Verfügung hätten, wenn Geld keine Rolle spielen würde? Welches Projekt würden Sie sofort beginnen?

_____

_____

_____

_____

_____

_____

_____

_____

Schreiben Sie nun auf, warum Sie Zweifel haben, dass Sie dieses Projekt (ohne gute Fee) nicht durchführen können, es also Scheitern würde. Begründen Sie Ihre Zweifel und hinterfragen Sie diese auf Tatsachen die Ihrem Projekt entgegenstehen.

_____

_____

_____

_____

_____

_____

_____

_____

_____

_____

Merken Sie, dass sich vieles davon nur in Ihrem Kopf, in Ihrer Denkweise wiederfindet? Versuchen Sie danach Argumente zu finden, welche Ihre Zweifel ausräumen könnten! Versuchen Sie immer weitere Argumente zu finden, die für einen Erfolg sprechen und gegen Hindernisse helfen könnten. So können Sie Ihre Zweifel nach und nach aus dem Weg schaffen. Eruieren Sie die Chancen Ihres Projekts und fokussieren Sie auf diese!

_____

_____

_____

_____

_____

_____

_____

_____

_____

_____

_____

2. On Top Meilenstein – Scheitern unmöglich

Nun haben Sie den

nächsten On-Top Meilenstein

geschafft. Ihnen ist nun klar,

wie entscheidend wichtig Ihr Denken,

Ihre Grundeinstellung für das Erreichen Ihrer Ziele ist.

Wenn Sie nicht daran glauben, dass Sie Ihr Ziel erreichen, werden Sie es auch nicht erreichen.

Wenn Sie jedoch überzeugt davon sind, dass Sie Ihr Ziel erreichen, werden Sie es auch erreichen.

Ihre Einstellung ist entscheidend, welches Ergebnis Sie erzielen!

Ohne Ziel kein Treffer!

Festlegung meiner Meilensteine zur erfolgreichen
Umsetzung meiner feinjustierten Lebensvision

**„Wenn Sie keine Lebensvision haben, nach der Sie sich
sehnen, zu der Sie hinarbeiten, die man mit aller Kraft
verwirklichen möchte, dann gibt es möglicherweise auch
kein Motiv, dass Sie sich anstrengen."[16]**

---

[16] Vgl.: Erich Fromm; deutsch-US-amerikanischer Psychoanalytiker,
Philosoph und Sozialpsychologe, vertrat einen humanistischen,
demokratischen Sozialismus (ca.1920)

Ziele beschreiben den Weg zu unserer persönlichen Lebensvision.

Ziele sind verbindlich festgelegte **Meilensteine** auf dem Weg zu unserer Vision.

Sie sind sich jetzt durch die vorherigen Übungen vollkommen bewusst und erkennen klar, dass Sie wenn Sie an Ihre Ziele glauben, diese auch erreichen können. Den Weg zu Ihren Zielen können Sie so festlegen, indem Sie von Ihrer Vision weg bis hin zur Gegenwart planen. Wenn beispielsweise Ihre Vision mit einem Fokus auf zehn Jahre in die Zukunft Ihren Vorstellungen entspricht, können Sie nun von diesem Zustand in der Zukunft zurück zur Gegenwart einen Zeitplan erstellen. Dies bestenfalls mit einer Zeitachse, in der Sie die nötigen zu erledigenden Meilensteine eintragen und so den Weg in Ihre Zukunft vorausplanbar machen. Hierbei wird sowohl der Inhalt als auch der temporäre Faktor vorab festgelegt, wann Sie dieses Zwischenziel auf dem Weg zu Ihrer Vision erreichen wollen. Ihre Ziele sollten folgende Parameter aufweisen, um eine realistische Umsetzung gewährleisten zu können.

Als erstes sollten Ihre Ziele signifikant, somit bedeutsam und elementar für Sie sein. Für die Umsetzung ist es daher wichtig, dass Ihre Ziele eindeutig definiert werden.

Ferner sollten Ihre Ziele berechenbar sein, die Kriterien, welche erfüllt werden sollen, müssen vorab errechnet und überprüfbar sein.

Des Weiteren sollte Ihr Ziel begehrenswert und attraktiv für Sie persönlich sein.

Dann ist es weiterhin wichtig, sich Gedanken über die Umsetzungsrealität Ihres Zieles zu machen. Hierzu sollte Ihr Ziel Ihren Fertigkeiten und Fähigkeiten angepasst werden, insbesondere damit Sie wissen, was Sie besser auch an Menschen delegieren, die es besser können als Sie selbst.

Letztendlich muss ein realisierbares Ziel nun auch mit dem zeitlichen Faktor in Verbindung gebracht werden. Die Frage ist, wann wollen Sie Ihr gesetztes Ziel erreichen? Schlussendlich muss also ein Fixtermin festgesetzt werden, wann Sie Ihr Ziel erreichen wollen.

Nur wer sein Ziel kennt, findet seinen Weg!

Laotse[17]

---

[17] Laotse: oder Laozi, legendärer chinesischer Philosoph, der im 6. Jahrhundert v. Chr. Gelebt haben soll. Je nach Umschrift wird sein Name auch Laotse, Laudse oder Lao-tzu beschrieben.

Klarheit durch Erfolgsmessung

Woran messe ich meinen persönlichen Erfolg? Ein Handlungsbeispiel hierzu wäre, dass Sie sich Meilensteine festlegen und ein Erfolgstagebuch führen!

Erfolgsverstärker: Zielfokus halten! Fixieren Sie Ihren Fokus auf das, was Sie wollen: Ihre Ziele!

Daher ist es wichtig, dass Sie Ihre Ziele aufschreiben, denn schriftlich bringt hierbei mehr, ist nachhaltiger und ist für Ihr Gehirn nachvollziehbar, bringt so Klarheit in Ihre Ziele!

Diese Klarheit macht Ihre Ziele konkret und damit umsetzbar für Ihr Unterbewusstsein!

Hierbei hilft auch, dass Sie ihre Ziele so konkretisieren, dass diese, wenn möglich, auch errechnet werden können, um eine bessere Umsetzung zu gewährleisten, um Teilschritte überschaubar und vorstellbar darzustellen. So erreiche ich auch eine bessere Planungssicherheit.

Ziel eindeutig definiert:

_____

_____

_____

_____

_____

_____

_____

_____

_____

_____

_____

_____

_____

_____

Ziel überprüfbar:

_____

_____

_____

_____

_____

_____

_____

_____

_____

_____

_____

_____

_____

Ziel vs. Umsetzungsrealität:

_____

_____

_____

_____

_____

_____

_____

_____

_____

_____

_____

_____

_____

_____

Zielfixtermin:

_____

_____

_____

_____

_____

_____

_____

_____

_____

_____

_____

_____

3. On Top Meilenstein - Erfolgskontrolle

Erfolgskontrolle ist hinsichtlich

Ihrer Ziele nötig, damit Sie

Ihre Ziele und auch Ihre Vision

nicht aus den Augen verlieren und

damit Sie auf dem Weg zur Vision Ihre Teilerfolge, Ihre Meilensteine festhalten und auch feiern können.

Ja, richtig, das Leben soll auch richtig Spaß machen!

Feiern Sie Ihre Erfolge, auch hierbei ist der Weg das Ziel! Denn auf dem Weg zu Ihrer Vision entwickeln Sie sich zu der Person, die in der Lage ist, Ihre zukünftige Vision auch zu leben. Fertigen Sie sich einen Zeitstrahl an, auf dem Sie Ihre Meilensteine einen nach dem anderen in diesen eintragen, um so visuell immer feststellen zu können, wie Sie Ihrer Vision Schritt für Schritt immer näherkommen.

Wachstumstreiber 11: Erfolg kommt durch Handeln!

**Das Geheimnis voranzukommen ist einfach:
Sie müssen nur jetzt sofort anfangen!
Denn: Wenn Sie nichts tun, wird sich nichts tun!**

Sagen Sie sich:

I. Ich muss zum **Macher** werden! Einfach handeln! Nicht grübeln oder faseln, sondern einfach machen, denn im schlimmsten Fall wird es eine Erfahrung! Nur die haben schon verloren, die nicht anfangen an ihrer Zukunft zu arbeiten, die nicht handeln!

II. Ich muss selbst die **Verantwortung** übernehmen! d.h. ich muss mich auf mein Ziel konzentrieren und mich durch keine Hindernisse aufhalten lassen!

III. **Entscheidungen** treffen! Und TUN! Warum ist das so wichtig? Weil schnelle Entscheidungen zu treffen, uns schneller ist Handeln bringt und uns nicht im Innendialog ausbremst!

IV. **Zweifel** können so nicht aufkommen und wenn werden Sie durch unsere Handlungen ignoriert.

V. „**Versuchen**" ist etwas für negative, nicht handelnde Menschen, da diese Hindernisse erwarten, die sie nicht lösen können! Erfolgreiche Menschen setzen all Ihre Kräfte ein, um Ihr Ziel zu erreichen! Kein Plan B!

Meine Ideen und Notizen zur erfolgreichen Umsetzung in
Richtung meiner persönlichen Vision:

_____

_____

_____

_____

_____

_____

_____

_____

_____

_____

_____

_____

_____

_____

ZU GUTER LETZT

„Wer die Freiheit aufgibt, um mehr Sicherheit zu bekommen, hat am Ende weder Freiheit noch Sicherheit!"

Benjamin Franklin

„Planen Sie konkret und sorgsam, denn Hoffnung ist keine Strategie, wenn es um Ihr Wohlergehen geht!"

Wollen Sie Ihre Träume träumen oder Ihre Träume leben?

Es ist Ihre Entscheidung über Hamsterrad oder ein Leben in Freiheit.

Es liegt jetzt und hier vollkommen in Ihrer Hand...

Ich wünsche Ihnen die richtige Entscheidung, tatkräftiges Handeln und alles Gute!

Herzlichst Ihr

Dr. Norbert Hermann

Go4BetterLifeKonzept – Erfolgsgeheimnis Persönlichkeit

Impuls-Tages-Seminar

Ihr Durchbruch in eine erfolgreiche, selbstbestimmte Zukunft durch systematischen Persönlichkeitsaufbau

- Wie Sie Ihre Orientierung durch Ihre eigene Zukunftsvision schaffen oder zurückerhalten
- Wie Sie dort ankommen, wo Sie wirklich hinwollen
- Wie Sie den Durchbruch zu den eigenen Zielen durch Zielfokussierung erreichen
- Wie Sie Sicherheit und Zuversicht gewinnen
- Wie Sie wichtige Impulse zur Entwicklung einer erfolgreichen und ausgeglichenen Persönlichkeit erhalten

- Lernen Sie Ihre Erfolgsbeschleuniger kennen
- Lernen Sie Ihre Selbstsaboteure kennen
- Wie Sie mit der richtigen Strategie vorgehen
- Wie Sie die richtige Einstellung gewinnen
- Wie Sie Ihr Traumleben erreichen können

Erkennen Sie: was hat Sie bisher wirklich abgehalten, Ihre persönlichen Ziele zu erreichen?

Weitere Seminar-Informationen und Termine finden Sie unter:

www.drnorberthermann.com

Sie haben Fragen zum Seminar? Fordern Sie weitere Informationen an unter:

kontakt@drnorberthermann.com

Printed in Poland
by Amazon Fulfillment
Poland Sp. z o.o., Wrocław

67933620R00108